1977——2017

中国高考四十年

齐中熙　樊　曦　王优玲◎编著

中国言实出版社

图书在版编目(CIP)数据

中国高考四十年 / 齐中熙, 樊曦, 王优玲编著. --
北京：中国言实出版社, 2017.8
ISBN 978-7-5171-2494-8

I. ①中… Ⅱ. ①齐… ②樊… ③王… Ⅲ. ①高考—
教育改革—研究—中国 Ⅳ. ①G632.474

中国版本图书馆CIP数据核字（2017）第181950号

出 版 人：王昕朋
总 监 制：朱艳华
责任编辑：王丹誉
文字编辑：张晓倩
责任印制：佟贵兆
装帧设计：王立霞

出版发行　中国言实出版社

　　　　　地　　址：北京市朝阳区北苑路180号加利大厦5号楼105室
　　　　　邮　　编：100101
　　　　　编辑部：北京市海淀区北太平庄路甲1号
　　　　　邮　　编：100088
　　　　　电　　话：64924853（总编室）64924716（发行部）
　　　　　网　　址：www.zgyscbs.cn
　　　　　E-mail：zgyscbs@263.net

经　　销　新华书店
印　　刷　北京温林源印刷有限公司
版　　次　2017年8月第1版　　2017年8月第1次印刷
规　　格　710毫米×1000毫米　1/16　13印张　2插页
字　　数　197千字
定　　价　38.00元　　ISBN 978-7-5171-2494-8

1977年，中国科技大学成立少年班，招收了21名少年大学生。这是少年班的学生在上物理实验课。 （资料来源：新华社图片档案馆）

1978年春，北京大学迎来恢复高考后录取的第一批新生。
（资料来源：新华社图片档案馆）

1978年，师生员工庆祝沈阳医学院恢复"中国医科大学"校名。

（资料来源：新华社图片档案馆）

1978年2月，恢复高考后的第一批大学生进入大学校门。这是清华大学1977级的学生在课堂上。1978年3月拍摄的清华大学1977届的800多名新生。

（资料来源：新华社图片档案馆）

1977年，在北京参加高等学校入学考试的青年正在认真答卷。

（资料来源：新华社图片档案馆）

1978年3月，北京师范大学1977届新生在学习中交流。

（资料来源：新华社图片档案馆）

前言
还记得当年的高考吗?

工作以后很多年,偶尔我还会夜里从梦中惊醒:梦到明天就要高考,而我还没复习⋯⋯

可能很多经历过高考的人有与我相同的经历。这只能说明,高考在我们这一生中的位置有多么重要。无论你是享受它,觉得这是一个"鲤鱼跳龙门"的唯一机会;还是你极度厌恶它,觉得它泯灭了你的天性,让你失去了本该"幸福"的童年少年时光。高考就像我们人生的一个关口,喜不喜欢都要过的一个关口。

2017 年,距离我们"文革"后恢复高考整整 40 年。40 年里,经历了一代又一代人,社会在变化,人的思想观念在变化,高考也在变化。虽然现在早已不是前些年"一考定终身"那样绝对,但不可否认的是,高考至今仍是人生轨迹中重要的一环,大多数人还把高考当成人生的一次"涅槃"。

如今,我们并非只有高考这一座"独木桥"可走,丰富多元的社会给了青少年各种不同的选择。也许在今后,高考的意义还会越来越"淡"。但这 40 年来,高考改变的,不只是个人的人生轨迹,更改写了整个民族的命运。回想多少年前高考的经历,尤其是拨乱反正,刚刚恢复高考那些年高考的场景,无数人仍唏嘘不已。

多少年再回忆当年的高考，简直像做梦一样。那时的我们是多么"无敌"：天文地理无一不晓，政治外语滚瓜烂熟。我们所在的学校，我们并肩的同学，我们经历的煎熬，我们享受的快乐……都会不时浮现。

在写此书时，我们深深感到，我们并不是单纯记录一部中国高考或是中国教育的历史，更是在记录一个个丰富多彩的众生的经历，感受着一个国家和一个民族前进的脚步。

2017 年 7 月

目录 CONTENTS

第一章
历史的决断

现在如果有人问，6 月 7 号、8 号、9 号三天是什么日子？可能大多数人都会异口同声说出：高考！的确，莘莘学子们苦学 12 年就是为了最后这一考；含辛茹苦的父母们十几年起早贪黑也是为了孩子们的这次大考。高考，对于大多数普通家庭的中国人来说，是改变命运最关键的时刻。

从某种意义上说，中国人的人生是被高考串联起来的，许多人小时候直到 18 岁以前几乎一直在"准备高考"。结婚生子后，又要开始为孩子的高考筹划。近些年来，每逢高考这三天，从国家教育部到地方相关部门，都要发布通知，要求在噪音治理、卫生防疫、防暑降温等方面进一步加强综合保障，使考生能在安心、舒心的环境中参加考试。各类社会媒体也会提醒广大考生认真了解考生须知，提前做好各项考前准备。合理规划出行时间和路线，防止因交通、天气等原因耽误考试。这些充分说明了高考在中国人心中的地位之重。高考制度有极强的中国文化承接性，深刻影响了华夏无数普通家庭的命运，是最牵动这个国家的社会大事件之一。高考的广度和深度也是把中国同世界区别开来的突出要素之一。

对无数经历过高考的人来说，高考有各种各样的解读。有人说高考是一扇门，打开了今后人生的通天大路；有人认为高考就是"鬼门关"，要过去就要脱掉几层皮；还有人从历史、从社会角度思考，认为高考是打破阶层固化的最有效也是最公平的手段；当然，也有人认为高考是应试教育的源头，必须大刀阔斧的改革。

无论对高考持一种什么样的态度，不可否认的是，高考在经济社会发展中的确发挥了不可替代的巨大作用，为国家建设选拔了无数人才，无数百姓从此改变了命运。即使在今天，高考对调配社会利益和保障公平的关键角色仍然没有变，它牵动人心的程度仍处在巅峰上。

第一节　"高招"历史的延续

一、历史的脉络

说到高考招生制度，先要简单了解一下它的"鼻祖"——科举制度。科举制度，是中国古代通过考试选拔官吏的制度。由于采用分科取士的办法，所以叫做科举。科举制从隋朝开始实行，直至清光绪三十年甲辰科（1904年）举行最后一科进士考试为止，前后经历一千三百余年，成为世界延续时间最长的选拔人才的办法。

明清两代，中国古代科举曾是世界上最先进的选人制度，因为它率先打破了门第，把寒门和贵族子弟放到同一起跑线上，西方国家的文官制度就是学习了中国科举制。

科举考试的内容主要是八股义。八股文主要测试的内容是"四书""五经"，从中选择一定的题目来进行写作。题目和写作的方式都是有一定格式的。八股文中有四个段落，每个段落都要有排比句，有排比的段落，叫四比，后来又叫八股。所以当时的人们都一门心思地扑在八股文上，只有八股文章才能敲开科举考试的大门。

19世纪80年代后，随着西学的传播和洋务运动的发展，科举制度发生改变。1888年，清政府开设算学科取士，首次将自然科学纳入考试内容。1898年，加设经济特科，荐举经时济变之才。同时，应康有为等建议，废八股改试策论，以时务策命题，严禁仅凭楷法优劣定高下。戊戌变法失败后，慈禧下令所有考试悉照旧制。

1901年9月清廷实行"新政"后，各地封疆大吏纷纷上奏，重提改革科举，恢复经济特科，1904年，清廷颁布《奏定学堂章程》，此时，科举考试已改八股为策论，但尚未废除。1905年9月2日，袁世凯、张之洞奏请立停科举，以便推广学堂，咸趋实学。清廷诏准自 1906 年开始，所有乡会试一律停止，各省岁科考试亦即停止，并令学务大臣迅速颁发各种教科书，责成各督抚实力通筹，严饬府厅州县赶紧于乡城各处遍设蒙小学堂。1905 年随着科举考试制度寿终正寝，中国现代教育登上了历史舞台。

直到清朝灭亡以前，高等教育的规模很小，当时全国的高等学堂只有 24 所。高校招生对象为具有中等教育程度的学生。考试科目包括外语和国文以及理化、文史等文化课程。

民国时代，各省积极举办高等教育，大部分的省都建立了省立大学，到 1936 年全国已经有一百多所大学。由于当时社会经济发展水平较低，基础教育还远远没有普及，因此高等教育招生的规模一直不大，到抗战爆发前全国高校招生人数不过 3 万人左右。

当时没有现在的全国统一的高考，各所学校自主组织命题，学生可以选择报考多所大学，也可能同时被多所大学录取。当时的考试招生很灵活，不像现在如果总分达不到分数线，就算某门课考的再好也很难上大学。比如钱钟书考清华时数学只考 15 分，但是外语和国文很好，就被破格录取了。

无论从清末的一系列学制的废立、现代学校的初创，还是辛亥革命后的一系列教育学制改革，战乱频仍的时代，中国高等教育走过了一段剥离其封建母体的艰难历程。南京国民政府在形式上统一了全国后，国民党开始了一系列"党化教育"改革，1932 年，在全国中小学中推行毕业会考制度，学生需要经过三次大型考试：毕业考—会考—升学考，才能入学深造。国民政府设立的"大学院"及后来的"教育部"的成立，在制度和机构上为考试制度的统一推行做了准备，但由于特定的社会历史环境，根本无法把众多国立、公立、私立及外国教会创办的高等院校纳入统一的考试机制下。一百多所高等院校各自沿用一套入学考试办法，单独招考。

新中国成立以来，考虑到教育上的衔接与过渡的需要，中央人民政府提出"维护原校，逐步改善"的原则，各高等学校仍沿用旧制。此后，又尝试过区域性的联合和统一招考，直至 1952 年建立全国普通高校统一招生考试制度。至此，我国教育史上一个具有现代教育意义的"高考制度"确立了。

随着高考制度的推进，高考现已成为我国乃至全世界最大规模的考试。自 1952 年建制至今，普通高考经历了一个创立——反复与废除——恢复与改革的曲折过程。

二、新中国初期的探索

新中国的成立，开创了中华民族历史的新纪元，也揭开了中国教育事业发展的新篇章。共和国成立之初，为了尽快改变文化教育十分落后的状况，党和政府高度重视教育事业，把改造旧教育、建设新教育作为教育工作的首要任务，顺利完成了从旧教育向新民主主义和社会主义教育的根本转变，确立了党和国家的教育方针，明确了社会主义教育的方向。

1. 1949 年前的"根据地教育"

新中国成立以前，在夺取政权的长期革命实践中，中国共产党人首先在根据地构建了一种全新的教育理论，被称为"根据地教育"或"解放区教育"。20 世纪 30 年代初，中国共产党早期教育理论家杨贤江首次运用马克思主义理论分析教育，认为教育属于上层建筑，主张无产阶级必须夺回教育的领导权，让教育成为"被支配阶级"进行阶级斗争的工具。

战争时期根据地的教育，基于对教育的政治功能和现实功利的特殊强调，教育方针始终是"干部教育第一"。抗战时期陕甘宁边区教育厅的指示，将干部教育放在第一重要位置，社会教育放在第二位，普通教育（国民教育）放在第三位。

根据阶级斗争理论，"工农及其子女有享受教育的优先权"。瑞金时期规定实行工农阶级教育优先的政策，地富子弟虽可进入小学学习，但严格禁止厂主、地主、富农子弟升入初中。这一政策因建立抗日统一战线而放宽，但随着斗争形势的变化又被提出。40 年代末土地改革时，在华北解放区不少大学、中小学出现查阶级、查工作、查斗志的"三查""挤封建"运动，组织"贫农会""贫农团"对出身地主、富农家庭的师生进行斗争，许多地、富出身的教师学生被"挤"出学校。在东北解放区也出现类似问题，后被纠正。由于教育的政治重要性，对教师也提出新的要求。瑞金时代强令关闭一切私塾、旧学，塾师不得继续从教。陕甘宁边区对教师的政治性的要求逐渐提高，强调知识分子应该长期改造思想，教师最后逐渐从"自由职业者"转变为"毛主席的教育战士"。

经过延安整风，肃清教育领域的"教条主义""主观主义"的影响，最终形成了"毛泽东主义旗帜下的新民主主义教育"。其基本价值和基本特征，是高度强调教育的政治功能，强调政治、军事斗争的实际需要，将教育主要作为革命斗争的工具；强调教育的实用性，教育与生产劳动结合，比较忽略教育的正规化和知识传授的系统性；强调教育面向劳苦大众，重视通过群众路线的方式普及、扩大教育。

2. 过渡时期的考试制度探索

新中国成立以前，旧中国的教育事业非常落后，而且带有浓厚的半封建、半殖民地性质的色彩。全国人口中的80%以上是文盲，学龄儿童入学率只有20%左右。据国民党政府教育部的统计，1947年全国高等专科以上学校仅有207所，在校学生只有15.5万人；1946年中等学校仅有207所，在校学生只有187.85万人；小学仅有28.9万所，在校学生只有2368.35万人。在中等以上的学校中，劳动人民的子女极少。

1949年月12月，中华人民共和国建立之初，召开第一次全国教育工作会议，提出教育改革的方针是"以老解放区教育经验为基础，吸收旧教育有用经验，借助苏联经验，建设新民主主义教育"。明确指出了新中国教育的三个主要来源。这一方针在随后的实践中迅速发生了变化。新民主主义的教育方针不久就被社会主义的教育方针所取代，从而导致了对"旧教育"的全面否定；向苏联的学习借鉴则形成了"一边倒"的局面，按照苏联模式构建了新中国教育制度。

20世纪50年代初的教育重建，一个重要内容是接管、改造1949年之前遗留下的旧教育。对接受外国津贴、有教会背景的学校由国家接收改为公办或民办。1952年以后，根据国家建设的需要，进行了高等学校的院系调整，在各级学校中开展教学改革，创办了工农速成中学，积极开展成人教育，规定了一切学校都向工农开放，实行人民助学金制度。

1952年院系调整时，经新中国接管、改造的旧式学校基本予以撤并，转为民办的学校全部改为公办。出于稳定社会的需要，对私立学校开始并未取消，而实行公私兼顾的原则。1952 年 6 月，毛泽东主席批示："如有可能，应全部接管私立中小学。"教育部遂决定将全国私立中小学全部由政府接办，改为公立。当时，全国共有私立中等学校 1412 所，教职工 3.4 万人，学生 53.3 万人，占全国中学生总数的 26% 强；私立小学 8925 所，教职工 5.5 万人，学生 160 余万，占全国小学生总数的 3%。此外，是处理民间教育团体。1949 年之前创办的绝大多数教育社团均被取消和停办，民间办学、民间教育的空间由此不复存在。

1953 年，新中国进入第一个五年计划时期，教育事业纳入国家计划轨道。在这个时期，教育事业得到了迅速的发展。1961 年前后，国民经济处于暂时困难时期。随后，根据中共中央关于"调整、巩固、充实、提高"的方针，1961—1963 年间对教育事业进行了大幅度调整。经过调整，各级各类学校的教学质量和高等学校的科研水平得到迅速提高。

新中国成立初期，国内的高校复杂多样：既有解放区干部学校基础上创办的革命大学，又有借鉴苏联经验建起来的大学，还有南京国民政府遗留的部分公、私立大学，以及接管过来的教会办的院校。

根据 1949 年 9 月颁布的《中国人民政治协商会议共同纲领》提出的"有计划有步骤地改革旧的教育制度、教学内容和教学方法"的指导精神，新生的人民政府提出"维持现状，立即开学"的方针。除北京大学、清华大学、南开大学、北平师范大学及北洋大学等少数几所高校在 1949 年实行非实质性的联合招生（即为减轻外地招生的工作量以及为外地考生提供方便，委托外地高校代为招考，但命题、阅卷、录取均由本校负责）外，全国其他高等院校都实行单独招生。招生计划、招生条件及招生办法都由各校自行决定，各校享受了最大限度的招生自主权。

当年，各校间招生结果极不平衡。条件好的高校生源充足，有些学校多次招考仍不足额；成绩好的学生常被几所大学同时录取，新生报到率高低不一。

为解决新生报到率低的问题，方便考生参加考试，克服建国之初教育工作的混乱状态，促进高等学校招生的统一性和规范化，1950 年 5 月 26 日教育部发布了《关于高等学校 1950 年度暑期招考新生的规定》，规定指出，本年度高等学校招生，有各大行政区分别在适当地点定期实行全部或局部的联合或统一招生，并允许各校自行招生，各校招生名额由各大行政区负责审核。但由于单独招考操作上的惯性及政治上不稳定性，招考方式仍五花八门，不一而足。既有校际的联合，又有大区的统一，还有学校的单独招生。全国 201 所公、私立高等学校中仅有 73 所学校实行联合招生。但联合性较之以前有所加强，前一年度各校招生不足额的情况得到了很大改善。

针对这些问题，1951 年教育部发布了《关于高等学校 1951 年度暑期招考新生的规定》，其中沿用了 1950 年招生规定的基本内容，但对统一招生范围和程度做了新的补充。即"为进一步改正各校自行招生所产生的混乱状态，各大行政区分别在适当地点争取实行全部或局部高等学校统一或联合招生，全国统一考试日期；如有困难，仍允许各校单独招生；在其他地区招生时应尽量采取委托的方法进行"。

基于这个规定，以及经济社会形势的明显好转，当年统一招生规模迅速扩大。全国 214 所高校中参加统一招考的达 149 所。比上一年翻了将近一番。统一招生仍以大行政区为单位进行，但跨区招生趋势明显加强。招考时间也更为集中，基本达到了"全国统一考试时间"预期目标。当然，各大行政区生源不平衡的问题仍旧存在，又缺乏必要的跨区调剂，导致生源较少的东北、西北地区招生不足。

3. 统一高考制度的建立

有了前几年的基础，教育部于 1952 年 6 月 12 日又发布了《关于全国高等学校 1952 年暑期招收新生的规定》，明确规定自该年度起，除个别学校经教育部批准外，全国高等学校一律参加全国统一招生考试，采取统一领导与分省、市、自治区相结合的招生办法。至此，统一的高考制度正式建立。

在具体操作执行上，国家对招生名额严格控制；考试环节统一操作，国家对招生日期、考试科目、报考条件、政治审查标准、健康检查标准等录取原则等都做出统一规定；考试的命题等参考答案和评分标准的制定工作，也由全国高等学校招生委员会统一组织。国家与地方在考试决策上完全是一种制定与执行的关系。

统一高考制度的建立是基于当时政治和经济的需要。1952 年 7 月，教育部颁布《关于实现 1952 年培养国家建设干部计划的指示》，强调指出各地高等学校严格实行统一招生，是实现这一干部培养计划的关键。同年，中共中央还提出过渡时期的总路线，制定了发展国民经济的第一个五年计划，各条战线都急需大量高级专门人才。过去经验证明，只有统一招考才能使高校招收到合格、足额的后备人才。

1952 年下半年，教育部根据"以培养工业建设人才和师资为重点"，发展专门学院，整顿和加强综合性大学的方针，对全国高等学校的院系进行了一次全面调整。为使调整后的各类院校能招收到合格足额的新生，巩固高等教育重新布局的成果，也需加强高等学校招生的计划性。

在建制之初的几年中，统一高考在包括组织管理、考试内容、报考资格及录取原则在内的各项调整与改进措施中逐步得以完善。

【措施一】：改变各专业采用相同的考试科目的做法。根据各大类对考生各科成绩的不同要求，分别于 1954 年、1955 年和 1958 年三次对考试科目做了相应调整，并颁布了各科的考试大纲。逐步完善了分类报考方式，高考分为文史、理工、医农、艺术、体育等类。理工类考试科目为语文、外语、政治、数学、物理、化学；文史类为语文、政治、历史、地理、外语；医农类为语文、政治、外语、生物、数学；体育和艺术院校的文化课参加文科类考试，唯数学作为参考分数。这一考试制度一直延续到 1965 年。

【措施二】：建立和完善了健康检查制度。要求在高中三年级建立学生健康及记录卡片，学生在报考高等学校时，由各中学将"健康记录卡片"连同其他材料一并转送高等学校审查。

【措施三】：增加了录取环节的灵活性。这包括试读生的录取等。

4."文革"前高等教育的波折反复

从 1958 年以后，随着经济上的"大跃进"和政治思想上的"左"的做法越来越严重，新中国的教育事业也遭遇波折。对政治标准的片面强调，在学术和业务工作中对知识分子的排斥和限制，逐渐形成一种政策。

1958 年出台的《中共中央、国务院关于教育工作的指示》，提出全国在三五年内基本扫除文盲、普及小学教育、农村社社有中学、大多数儿童能入托儿所和幼儿园的高目标。从 1956 年起，教育发展进入"跃进"状态，高等学校的招生猛增一倍，达 18.5 万人。此后，经 1959 年的庐山会议和反对"右倾机会主义"，全国普通高等学校规模由 1957 年的 227 所、在校生 44.1 万人，猛增至 1960 年的 1289 所、在校生 96.2 万人。普通中学的规模，也从 1956 年的中学数 6715 所、中学生总数 516 万，增至 1958 年的 28931 所、中学生总数 852 万。小学生总数从 1957 年的 6428.3 万人，增加为 1960 年的 9379.1 万人。而在 20 世纪 60 年代初的调整、整顿中，教育规模大幅度削减，学校大量精简教工和学生。1962 年，高校招生回落到 1955 年的水平。1961 年至 1963 年，高等学校学生减少 22%，高中学生减少 16%，全日制初中学生减少 18%。

1958 年的《指示》，明确提出"评定学生成绩时，应当把学生的政治觉悟放在重要的地位，并且应当以学生的实际行动来衡量学生的政治觉悟的程度"；"在提拔师资的时候，要首先注意思想政治条件、学识水平和解决实际问题的能力，资历应当放在次要的地位。在鉴定学生的时候，要首先注意政治觉悟的程度，解决实际问题的能力，同时也注意课内学习的成绩"。1960 年国务院通过的《关于高等学校教师职务名称及其确定与提升办法的暂行规定》，明确"应该以政治条件、学识水平和业务能力为主要依据；同时，对资历和教龄也必须加以照顾"。

在"左"的思想冲击下，到 1958 年，已顺利推行了 6 年的统一高考制度经历了第一次波折。1957 年，提出招生考试应强调政治挂帅，提高政审标准，对包括工人、农民在内的广大无产阶级，采取保送入学的办法。

第二年，在"大跃进"的错误方针指引下，中共中央在教育领域发起了一场极"左"的"教育革命"：提出要"多、快、好、省"地发展教育事业；并提出迅速发展教育三个基本原则，之一便是"全面规划与地方分权相结合"原则，即在全国统一教育目的下，加强办学形式的多样性。在此政治背景下，统一高考制度于 1958 年被改回到各校单独招生或联合招生的老路，并加强了对当年录取学生政审的严格性。

1958 年的招生制度调整带有浓厚"左"的色彩，过于强调政治表现，免试录取了大批工农出身者的做法造成新生质量严重下降。依靠高指标、政治动员和群众运动的方式发展教育渐成为主流，中国教育数次经历这种由于体制性原因和"运动式"发展方式造成的震荡。为保证新生的学业质量，1959年又恢复了全国统一高考制度，并取消了免试保送上大学的做法。对政审标准重新做出了解释。

然而，对许多知识分子及其子女，对他们的另一重限制来自家庭出身和政治经历。20世纪60年代初，这套歧视性的政策逐渐制度化，称为"党的阶级路线"。所谓的"阶级路线"，是指在入学、出国、晋升技术职务、毕业分配、工作使用等许多方面，根据家庭出身、政治面目予以不同对待，优先选拔、使用所谓"根正苗红"、政治上可靠的出身于工、农、革命干部家庭的子女；同时，限制剥削阶级子弟、非劳动人民子弟接受高等教育和向上流动。于是，一个人的阶级成分或家庭出身，作为"政治标准"的组成部分，成为影响命运的重要因素。

20世纪60年代初，在高校招生工作中贯彻阶级路线成为明确政策。1962年《教育部关于1962年高等学校招考新生的规定》，提出对考生进行政治审查，"有家庭和社会关系问题的，主要看本人；有历史问题的，主要看今天的表现；有问题要看大小"。1963年关于高校招生的相关规定，要求正确掌握新生的政治审查标准，对于思想反动而屡教不改的学生一律不得录取，对在中学担任社会工作政治上表现好的优秀学生，如考试成绩达到录取标准，应适当照顾录取。1965年的高校招生办法提出，"在每一分数段里，首先要挑选政治条件好的学生。对政治思想好的应届高中毕业生中的工农和烈士子女及学生干部……在他们的考试成绩与其他考生相近时，优先录取"。随着贯彻阶级路线，高等学校招收的新生，工农家庭出身和本人是工农成分的比例不断上升，1953年为27.9%，1958年上升为55.28%，1965年上升为71.2%。

在此时的教育理念中，培养无产阶级革命事业接班人成为学校教育的重要目标。除了反修防修、防止和平演变的政治教育外，参加体力劳动被视为是培养接班人的重大措施，并被逐渐制度化。1958年的《指示》要求"在一切学校中，必须把生产劳动列为正式课程"，普遍开展勤工俭学活动。1961年颁发的《中华人民共和国教育部直属高等学校暂行工作条例（草案）》对教师、学生参加生产劳动作出具体规定，"主要是参加校内外的工农业生产和其它体力劳动"。1964 年 8 月，中共中央、国务院发布《高等学校毕业生劳动实习试行条例》，规定凡属高等学校毕业生和回国留学生，在分配工作后，都应该参加为期一年的劳动实习。1964 年 10 月召开的高校理工科教学工作会议，提出的教改措施包括：把阶级斗争锻炼作为一门主课，将参加"四清"和军训正式列入教学计划；五年中，学生应有一二次比较集中的时间（约 20 周左右）参加工农业劳动。

同时，这一时期还进行了从大学毕业生中定向选拔、培养接班人的尝试。1963 年高校毕业分配中，在部分重点学校的理、工、农、医各科和浙江大学，对少数特别优秀的毕业生采取提前选拔、单独分配，予以重点培养。1964 年，高等教育部发出通知，每年从应届大学毕业生中选拔 60 名工农家庭出身、政治思想好、历史清楚、学习成绩优良、身体健康而有培养前途的优秀党员，进行重点培养提高。先集中到高级党校进行短期训练，再由思想好、作风好、能力强的老干部带领，分配到基层工作和锻炼。1963 年、1964 年这两年共选拔了 96 名"特别优秀的毕业生"。这一政策只实行了两年，1965 年停止试行。

此外，通过贯彻阶级路线，使干部子弟这一阶层的特殊利益以新的形式得以存在；而非无产阶级家庭子女遭到明显的不公正待遇，许多人因此而失去学习机会。家庭出身逐渐成为一种社会身份。1966 年"文革"爆发之后，以干部子弟为主的"红卫兵"直接以封建"血统论"作为自己的组织理论，与"阶级路线"是一脉相承的。进入 20 世纪 70 年代高校免试招收"工农兵学员"的制度，更是由于强调政治表现，家庭出身不好的人难以被推荐上学。据 1971 年 5 月对清华大学、北京大学等 7 所大学当年招收的 8966 名工农兵学员的统计，出身工人、贫下中农、革命干部和其他劳动人民家庭的占 99.80%，出身剥削阶级家庭的占 0.2%；其中党员占 46.2%，团员 38.1%，非党员 15.7%。

三、"文革"时期被废止的高考

1966 年"五一六通知"标志着"文化大革命"的开始，招生考试制度成为文化教育领域的"突破口"，被率先推上了风口浪尖。1966年6月13日，中共中央、国务院发出通知提出，"高等学校招生考试办法，新中国成立以来虽然不断地有所改进，但是基本上没有跳出资产阶级考试制度的框框，不利于贯彻执行党中央和毛主席提出的教育方针，不利于更多地吸收工农兵革命青年进入高等学校。这种考试制度必须彻底改革"，并"决定1966年高等学校招收新生的工作推迟半年进行"。同时强调，这个决定"是彻底搞好教育界的"文化大革命"，彻底改革我国的教育制度的重要措施"。

1966年6月18日，《人民日报》社论指出："这种旧的招生考试制度，对我们社会主义事业是危害极大的。这个制度，不是无产阶级政治挂帅，而是资产阶级政治挂帅，分数挂帅。实行这种制度，是严重地违反党的阶级路线的，会把大量优秀的工人、贫下中农、革命干部、革命军人和革命烈士的子女，排斥于学校大门之外，为资产阶级造就他们的接班人，打开方便之门。这个制度，大大地阻碍青年的思想革命化，鼓励青年走资产阶级个人奋斗、追逐个人名利的白专道路。"同年7月24日，中共中央和国务院在发布的《关于改革高等学校招生工作的通知》中，正式宣布"从今年起，高等学校招生，取消考试，采取推荐与选拔相结合的办法"。

"改革"的最终结果是1966—1971年全国高等学校停止按计划招生达六年之久，其间仅在少数几所大学试点招生少量工农兵学员。

1972年大部分高校恢复了招生工作，但取消了文化考试，而采取"自愿报名、群众推荐、领导批准、学校复审"的招生办法，直至1977年恢复统一高考。

考察统一高考被废止的原因，主要是受脱离了正确轨道的政治运动的影响；同时也由于高考制度本身的某些弊端导致的认识偏差。新中国成立17年来，教育制度强调"高等学校向工农开门"和"坚持不懈地抓阶级斗争"，一直是主要政治路线。从建国初确立"教育为工农服务"方针开始，一直强调各级教育尤其是高等学校中工农成分学生所占比例。体现在招生上，便是对工农速成中学毕业生、产业工人、革命干部等实行优先录取或免试入学原则。

有学者将高考废止分为三个阶段：第一阶段，从改革高考体制着手，是一种局部的改革；第二阶段，就是暂停高考，意在对其进行整体全面的制度革新；第三阶段，名义上取消高考，但红卫兵三大运动不仅毁灭了高考赖以生存的社会环境，而且还在中国人的精神层面上彻底摧毁了高考得以维系的注重文明、文化的观念。由此，高考的废止从表层的制度层面深入到深层的观念层面。可见，从某种程度上说，高考制度被废止，并非完全来自高考制度本身的制度缺陷，而是一种带有极强目的性的计划安排。

高等学校自1966年停止招生6年之久后，1972年"恢复"了所谓的"自愿报名、群众推荐、领导批准、学校复审"的招生办法。但实际上，"自愿报名"只是幌子，"地、富、反、坏、右"的"黑五类"子女是无报名资格的，即使是有报名资格的"可以教育好的子女"，也是"基层不敢送，领导不敢批，学校不敢收"，甚至还造成弄虚作假、指名报送、授意录取、私留私送名额等各种不正当的"走后门"手段。尽管中共中央发出了《关于杜绝高等学校招生工作中"走后门"现象的通知》，但仍难以阻挡这股由非客观选拔标准引发的"走后门"之势，其结果就是直接导致高等学校教育质量严重下滑，以及挫伤广大出身不好的青年学习的积极性。

在这期间还有一个"朝农经验"需要说一下。1973年，朝阳农学院招收工农兵学员后，实行"开门办学"，批判"三脱离"，废除全日制，删砍文化课，组织小分队，实行"走出去，请进来"的教学方法。具体做法是"党委就抓主课（'阶级斗争'的社会实践）和会战（全院性每年两次突击性劳动），业务由系里去管"。每年分段组织回队参加农业学大寨运动和在校学习。随意占用教学时间，1976届毕业生在校34个月中，牧医、果林、农学三个系和水利系农田水利专业，上专业课天数只占总天数的14.6%—20%。要求"从农业需要出发"，根据当地农业生产课题建立课题组，组织科研、教学。甚至不准编写教材，禁止恢复教研室。

1974年12月2日，《人民日报》发表《农大毕业当农民好——辽宁朝阳农学院实行"社来社去"的调查》，其编者按说，这是"教育战线出现的社会主义新生事物"，要"把学校办成无产阶级专政的工具"，"办成与十七年修正主义教育路线对着干的学校"，在全国掀起宣传和学习朝农经验的浪潮。同年12月，国务院科教组、农林部、中共辽宁省委联合召开全国学习朝阳农学院教育革命经验现场会。会上把朝农经验概括为：坚持在农村办学、分散办学；教学工作实行"三上三下"；学生社来社去、毕业当农民挣工分等。并说，朝农是"在教育阵地上加强对资产阶级专政，更好地适应社会主义经济基础的需要，把学校办成无产阶级专政工具的样板"；"三来三去"、大学毕业到基层当普通劳动者是同"几千年来'学而优则仕'的传统观念彻底决裂"，是"消灭脑力劳动和体力劳动的差别"的有效途径；是否推行"三来三去"是培养劳动者还是精神贵族的分水岭。

1975年4月23日，国务院批转教育部《关于推广朝阳农学院经验和有关政策问题的请示报告》。该报告提出1975年高等学校招生办法实行改革，农业院校一般实行"社来社去"，林、医院校部分实行"社来社去"，其他各类院校可进行"社来社去"试点。教育部于1976年发出通知，要求在全国高等学校推广这一经验，认为是"限制资产阶级法权，深入教育革命，把学校办成无产阶级专政工具，培养和工农划等号的普通劳动者的重要措施"。

由于强调工农兵学员"哪来哪去"，助长了当时"读书无用论"的倾向。举办各种专业班，劳动时间多，学习时间少，文科以社会为课堂，彻底改变教材教法，教学质量急剧下降。"学朝农""学大寨"活动还被推广到初、中级教育，学生成了劳动力，学校大办工厂，根本破坏教学秩序，对普通中专、中小学教育造成极大破坏。部分地区征用农民耕地或到荒山丘陵地带去办所谓朝阳农学院式"共产主义劳动大学""五·七"大学。这些学校的教师主要从本地中、小学抽调，学员来自农村群众，中、小学教师队伍则被严重削弱，不合格民办教师大量增加，造成严重后果。

第二节 拨乱反正，高考恢复的前前后后

随着 1976 年粉碎"四人帮"，"文化大革命"结束，国内政治形势重新走上正轨，社会发展亟需大量人才。然而，"冰冻三尺，非一日之寒"，要恢复高考制度也非一日之功，其过程激荡人心。

2004 年，新华社发布了一则通稿，非常简要地叙述了高考制度恢复的经过：

新华社北京 8 月 18 日电 1976 年，历经 10 年的"文革"终于结束。1977 年 7 月，中共十届三中全会通过决议，恢复邓小平党政军领导职务。第三次复出的邓小平主动要求分管科技和教育工作，得到中央同意。

1977 年 8 月 4 日早晨，在习习清风中，神采奕奕的邓小平迈着稳健的步伐来到人民大会堂，亲自主持召开了有 33 位来自全国各地的著名科学家、教授以及科学和教育部门负责人参加的科学和教育工作座谈会。

就是在这次会议上，复出不久的邓小平果断决策——恢复中断 10 年之久的高考制度。

8 月 6 日，科学和教育工作座谈会开到第三天，武汉大学教授查全性在发言中提出，必须重视高校招生工作，因为招生是保证大学教育质量的第一关，好像工厂的原材料，不合格的原材料就不可能生产出合格的产品。对此，在座的老教授和专家们深表赞同，一致建议改革现行高校招生制度，把好人才培养的第一关，并强烈呼吁立即恢复高考制度。

然而此前，教育部 6 月在太原召开的全国高等学校招生工作会议上，已经决定继续推行"文革"后期确定的"自愿报名、群众推荐、领导批准、学校复审"的招生办法，并刚刚将方案送出上报中央。各地正按照会议精神，准备高等学校招生工作。

高考通常在 7 月举行，邓小平问道：今年是不是来不及了？与会者回答：虽然招生会议开过了，今年只要做还来得及，最多晚一点。

邓小平听后当即要求教育部把报送中央的报告追回来，并斩钉截铁地说："今年就要下决心恢复从高中毕业生中直接招考学生，不要再搞群众推荐。从高中直接招生，我看可能是早出人才、早出成果的一个好办法。"会场响起了热烈的掌声。

1977 年冬天，570 万考生走进高考考场。多少人的命运由此改变，中国的教育事业也迎来期待已久的春天。

高考制度的恢复，改变的不仅仅是个人的命运。对整个国家和民族来说，它意味着更深远意义的复苏和新生。

短短不到 1000 字的文章是浓缩的历史，但历史绝非这么简单，从文献中、从亲历人的回忆中，我们可以从中发现曲折激荡，找到历史的回响与共鸣。

一、邓小平的一言拍板

1976 年 10 月上旬，中共中央政治局毅然粉碎了"四人帮"反革命集团，结束历时十年的"文化大革命"。教育界作为"文化大革命"摧残至深的重灾区，终于迎来了第一缕曙光。然而，高考制度的改革并不是当时被立即提出的政策问题，也未立即提交到教育决策的议程上。深染的"左"倾色彩，加上当时所谓的"两个估计"，仍然是束缚教育思想"紧箍咒"，以"教育革命"为核心的教育方针政治化偏差仍难以得到及时良好的清理和整治。1977 年 6 月 29 日至 7 月 15 日，在太原召开的"文革"后第一次全国招生工作会议上，也没有对重新改革高考招生制度的问题进行深入讨论，而且会议依然决定继续采取以"十六字方针"为主的办法进行高考招生。

真正促使高考制度再次登上历史舞台的是邓小平。1977 年 7 月 17 日，党的十届三中全会通过了《关于恢复邓小平同志职务的决议》，恢复了邓小平的中共中央委员、中央政治局委员及国务院副总理等重要职务。邓小平复出后主动请缨，分管科教工作。

此前，已有很多细节表现出邓小平对于恢复高考的决心。1977年5月24日，邓小平发表了著名的《尊重知识，尊重人才》的讲话，针对十一大提出的中国实现四个现代化的目标说，"我们要实现现代化，关键是科学技术要能上去。发展科学技术，不抓教育不行。靠空讲不能实现现代化，必须有知识，有人才"。

8月初，他提议召开了一个科学与教育工作座谈会。座谈会请来了包括周培源、童第周、苏步青在内的40多位教育界专家和官员，他们在人民大会堂畅谈教育。其中，武汉大学的查全性先生发言最为震撼人心，在会场引发了强烈共鸣。

他开门见山地指出：招生是保证大学教育质量的第一关，它的作用，就像工厂原材料的检验一样，不合格的原材料，就不可能生产出合格的产品。当前新生的质量没有保证，部分原因是中小学的教育质量不高，而主要问题还是招生制度。

他说，大学的招生工作是培养人才的第一个环节。从武汉大学五年招生的情况看，按照"十六字"方针招收的工农兵大学生，文化基础相差悬殊，质量没有保证。广大群众包括大学生里的教师，对"十六字"方针非常不满。他们说，解放前上大学靠钱，"17年"上大学靠分（分数面前人人平等），现在上大学靠权。群众对一些党的干部利用特权招收自己子女非常气愤，"学会数理化，不如有个好爸爸"。因此"十六字"方针不推倒，招生质量得不到保证，"走后门"不正之风不刹住，党风不能端正，读书无用论的社会风气不可能扭转。

他痛陈了当时招生制度的四大弊病："一是埋没人才。大批热爱科学，有培养前途的青年选不上来，而某些不爱读书、文化程度又不高的人却占据了招生名额；二是从阶级路线上看，现行招生制度卡了工农子弟上大学，他们如果没有特殊关系是上不了大学的，这一点比"文化大革命"前还严重；三是坏了社会风气，助长了不正之风，而且愈演愈烈。今年的招生还没开始，已经有人在请客、送礼、'走后门'了；四是严重影响了中小学生和教师的教与学的积极性。现在连小学生都知道，今后上大学不需凭文化，只要有个好爸爸。"

据亲历者回忆，其实在会议开始前，与会者开始并不知道邓小平要来参会，后来，他们发现邓小平几乎每场必到，基本上都是坐在那里认真地听大家的发言，很少插话。会议开始时，大家发言都很谨慎，但谈了两天后，谈话口子越来越大，很快就变成对"推荐制"的批判。清华大学教授说，推荐来的学生，许多人甚至还要补习初中甚至小学的基础课程。邓小平说，那就不要叫大学了，改成清华中学好了。时为武汉大学副教授的查全性举手发言，提出在当年就恢复高考，这个建议立刻得到与会科学家的一致赞同。

查全性先生的发言，令举座哗然。大家感觉，这个问题提得好，切中要害，纷纷补充查先生的意见。

听完大家的发言，邓小平当场表态："今年就要下决心恢复从高中毕业生中直接招考学生，不要再搞群众推荐。从高中直接招生，我看可能是早出人才、早出成果的一个好办法。"

时任教育部部长刘西尧说，今年恢复高考来不及了。招生工作会议已开过了。

邓小平说，今年就改，看准了的。不能等。重新召开一次招生会议就是了。"十六字"方针必须推倒。恢复统一高考从今年开始。他的表情很严肃。

据当时在场的人回忆，查全性的讲话大约15分钟左右，包括邓小平插话表态，直到最后的拍板，整个过程也就是20分钟。可以说，恢复高考的决定，是小平同志主持的这次科教座谈会的压轴戏。这次座谈会就在高潮当中结束。

根据邓小平的指示，教育部立即撤回了太原招生会后给国务院关于1977年高等学校招生工作意见的请示，并决定立即在北京重新召开招生会。

随后，从当年8月13日开始一直到9月25日，教育部召开了第二次全国高等学校招生工作会议，这是建国以后时间最长的一次招生会，会期45天。由于"左"的思想还束缚着许多人的头脑，因此，会议争论十分激烈。

会议的主要争论点，还是如何突破"两个凡是"。对此，焦急不已的邓小平在9月提出了他的招生标准："招生主要抓两条：第一是本人表现好，第二是择优录取。"最后，马拉松会议终于得出一个可行性方案，这就是

《关于 1977 年高等学校招生工作的意见》。

文件彻底粉碎了"两个估计"的精神枷锁，冲破了"两个凡是"的思想束缚，确立了"废除推荐，恢复高考"，为"四化"培养高级专门人才的正确方针。采取"在各级党委领导下，贯彻群众路线，根据德、智、体全面衡量，择优录取的原则，实行自愿报名，统一考试，地市初选，学校录取，省、市、自治区批准的办法"。

按照这个《意见》，招生对象为：凡是工人、农民、上山下乡和回乡知识青年、复员军人、干部和应届高中毕业生，年龄 20 岁左右，不超过 25 周岁，未婚。对实践经验比较丰富，并钻研出成绩或确有专长的，年龄可放宽到 30 周岁，婚否不限。具体措施主要包括：一、劳动知识青年可以报名，应届高中毕业生也可以报名；二、高中毕业的文化程度才可以报名；三、废除推荐，必须通过大学入学考试；四、政治审查主要看本人表现，清除"左"的影响，破除反动血统论；五、德、智、体全面考查，择优录取。1977 年 10 月 21 日，《人民日报》刊发消息"高等学校招生进行重大改革"和社论"搞好大学招生是全国人民的希望"，标志着中断 11 年的高考制度正式恢复。

十年积压，使 1977 的高考成为中国竞争最激烈的一届高考，当时的报考人数是 573 万，录取名额为 27.297 万个，录取比例为 29∶1。这个比例在 20 世纪 80 年代初期逐步下降，从 6∶1 降到 20 世纪 90 年代初期的 3.5∶1。这也是恢复高考以来，惟一一次在冬天举行的考试，570 多万考生，如果加上 1978 年夏季的考生，共有 1160 万人。迄今为止，这是世界考试史上人数最多的一次。

由于当时各地还在沿用 1966 年下达的办法，采取各地自行招生，因此，1977 年的高考还是由各省自行命题，沿用"文革"前文理分科的办法，文理两类都考政治、语文、数学，文科加考史地，理科加考理化。考虑到实际情况，有些考题相当简单，尤其是数学。

据当时 14 个省、自治区、直辖市统计，在这 570 多万考生中，应届高中毕业生占 26.72%，工人占 9.38%，下乡知青占 16.49%，回乡知青占 35.33%，干部占 2.5%。由于"文化大革命"的破坏，尽管命题属于常识性的，各地考试成绩仍然低得十分惊人。据广西壮族自治区百色市统计，参加数学考试的有 3459 人，60 分以上的仅 22 人，占 0.64%；零分的达 1254 人，占 36.25%。参加理、化考试的有 1788 人，60 分以上的仅有 54 人，占 3.02%；零分的达 301 人，占 16.83%。文科考生，政治、语文、数学、史地四科平均分 60 分以上的仅占 1.47%。可见"文化大革命"导致了当时中国整体教育水平的严重下降。

二、历史的回忆

中国科学院院士潘际銮曾任中国焊接学会理事长，中国机械工程学会副理事长，国际焊接学会副主席，清华大学器械系主任，清华大学学术委员会主任，南昌大学校长。四十年前恢复高考时，潘先生是亲历者之一。1977 年 8 月 4 号，邓小平同志主持召开的科学和教育工作座谈会，当时潘老就是与会代表之一。三十年后，潘老先生在 2008 年接受媒体访问时仍清晰地回忆起当时的情景。从他的讲述中，我们可以更加理解当时教育的情况。以下就是根据潘老先生的采访实录整理而成。

1977 年 8 月 4 号到 8 月 8 号，我被通知到人民大会堂参加一个会。这个会议是邓小平同志主持的，会的名字叫"教育与科学座谈会"。到会代表大概有 33 位，有一半是高等学校的知名教授或者是知名人士，一半是科研方面的。教育部也有领导参加了，就是当时教育部的刘西尧部长，还有科学院的方毅同志，他当时是科学院的院长，开了四天的会。

当时，整个会是教育与科技座谈会，谈的是整个国家教学和科研的情况，特别是邓小平同志希望听取这些专家和代表关于我们国家教学跟科研的情况。他说，我认为中国要赶上国际先进水平首先要抓教育和科研，所以主动提出来管这件事情。当时他刚刚出来任副总理，他说我主动提出来做这件事情，也得到了中央的同意。所以抓这件事情，他首先就是开了这个座谈会，听取各方面对中国教育和科研的情况。在这个会上，就教育的全面情况请大家发表意见，在这期间谈到了高考问题，就决定恢复高考，这是其中的一个决定。

更重要的问题是什么？关于中国怎么发展教学科研问题，因为听取大家意见以后，对于"文化大革命"期间教学和科研受到的破坏，需要拨乱反正，因为其他都慢慢地拨乱反正，但教育、科研方面受到"文化大革命"破坏比较厉害。比如说教育战线在"文化大革命"期间曾经作出过一个决定，我记得是在1971年国务院开过一个教育工作座谈会，这个座谈会有一个纪要，就是说当前中国高等教育界是资产阶级统治了我们的教育。说了"两个估计"，一个估计是我们国家教育方面是资产阶级统治了无产阶级，基本是黑线，不是毛主席革命路线。第二个是说知识分子大部分是资产阶级世界观，是资产阶级知识分子。所以我们当时叫"两个估计"。就是高等学校对教育界的两个估计，第一是资产阶级占了无产阶级，第二是所有学校不是高等学校，都是资产阶级知识分子。整个否定了我们解放以来17年的工作，所以邓小平同志对这个问题作出了一个发言，他说："对全国教育战线17年的工作怎样估计？我看，主导方面是红线。"矛头直指"四人帮"炮制的"两个估计"。同时，他明确要求："今年就要下决心恢复从高中毕业生中直接招考学生。"第二说知识分子绝大多数都是好的。做了这个决定以后，等于把教育战线过去在"文化大革命"当中的受到的破坏和定论都推翻了。其次谈到高考问题，就作出了恢复高考的决定。

我们的教育和科研在"文化大革命"当中被破坏得最严重。基本上没有很好的教育，也没有开展科研。在座谈会之前，都被破坏了，所以那时的中国谈不上教育，谈不上发展科研。如果没有这个决定，就像邓小平说的要达到世界先进水平是不可能的，所以这次是一个扭转点，也可以说是邓小平同志为我们国家作出了重大的拨乱反正的决定，包括后来的经济也是这样上来的。教育和科研也是这次会议扭转过来的。

中国从"文化大革命"以后就停止高考了。到了1969年，当时以清华大学、北京大学的名义向中央打个报告，种养业专业批准了，就是恢复招生。但招生这个决定里面就明确提出，废除考试制度。要采取三条，第一条是群众推荐，第二条是领导批准，第三条是学校复审。就是这三个条件，来招收工农兵学员。其中就没有谈文化程度的问题，所以就没有文化程度的要求。

当时上大学不需要什么学历，高中可以，初中可以，小学也可以，都可以进校。只要你符合这三个条件，就是群众推荐和领导批准，公司就是公司批准或者是工厂批准，学校就很难说有什么变化。

"文化大革命"以前，我是清华大学机械系主任、教授，但"文化大革命"期间我们都被打倒了。我们受到"文化大革命"的冲击比较厉害。8月中央作出了一个"文化大革命"的决定，其中有一个"16条"，里面有一条，要彻底改变资产阶级统治我们教育战线的现象。就是把教育战线彻底改变，就认为我们这些人都是资产阶级，统治了中国教育界。有了这个决定以后，我们所有人都被打倒，几乎毫无例外地上层干部、中层干部，以及教授，都被纠出来批斗、写材料。

我有两顶帽子，一个是"资产阶级反对权威"，第二是"修正主义苗子"。因为我在清华大学，领导对我工作比较肯定，各种工作搞得比较出色，领导都是"修正主义"，所以我是"修正主义苗子"。整个教育界的像我们这一波人都被打倒在地。最后恢复招收工农兵学员的时候又让我们出来讲课。

1969年底，清华大学打了一个报告说招收学员，就是刚才说的三个条件。批准以后，等着清华大学试点招生，1970年第一批学生进来，因为我还是老师，不完全是干部，老师还需要讲课。我们很认真地做了很多准备，写教材，备课，我们也估计到学生不是原来大学生的水平，就把教材写得尽量简单一点，通俗一点，准备好了就开始教学。

因为当时从中央来讲，还是说希望表现好的，群众推荐的，领导批准的，总的来讲还是一批优秀的青年。但文化程度绝对是参差不齐的，因为选拔也不可能那么准确，刚开始还不错，到后来也出现一些现象。就是群众推荐，领导批准里面变成有一部分人也是"走后门"进来的。总的来讲，一些年轻学生还是愿意学习。也有招来的一些学生，或者招来的还有老工人，50多岁的都有，就是老工人班，30多岁，40多岁，50多岁的也有，里面还有10多岁的。老工人就变成老工人班。

这些学生有的是小学程度，最多的是初中程度，高中都很少。他们来了以后还占了主要地位，因为是工农兵，他们是老工人，工人阶级领导一切。叫做"上、管、改"，学生来了以后，他们上大学，要管大学，要改造大学，就是学校也归他们管。

他们领导这些学生，工学队又是在"四人帮"的基础路线统治之下，所谓上管改还是整知识分子，批评我们高等教育。他们上大学，一边要学习知识，另外一方面还要批判老师。

讲课的时候还经常批判你，我自己就是这样的。因为我是学焊接的，当时负责讲焊接设备，因为都是电控制的，所以我得让这些学生都听得懂。因为学生中有小学的，也有初中的，所以还需要讲一些基本知识，什么是电压，什么是电流，什么是电路，交流电路怎么回事，直流电路是怎么回事，因为他们没有学过。讲完了以后他们慢慢画一些线路图。

还没讲几堂课，一个学生站起来了，拍桌子大骂，你讲的是什么东西，乱七八糟地在黑板上画一些线，你就讲这些玩意儿，为什么不在实验室里面讲。我说好，那就下实验室去。因为我的课堂在楼上，实验室就在下面。我就把机器打开，下堂课就到那儿去了。我就给他对着讲，说这是什么机器，这里面是什么部件。比如说这是电动机，这是变压器，这是发电机，他更听不懂了。本来简单电路还没有讲懂呢，这个机器怎么可能一两句话就听懂。他又发脾气了，你在这儿干吗对着机器讲，为什么不把我带到工厂去。我说好啊，那我们就到工厂去。后来我就带他们去了北京锅炉厂，因为那里焊接多。工厂那时候还生产比较正常，他们在那儿生产，机器还不能打开，我说你们就看吧，因为我也没辙，工厂不让打开。学生就在工厂里来回溜达，我什么也不讲，有些好学的学生偷偷跟我说，老师你还是给我讲点课吧。我说不行，讲课又挨批。而我毕竟是老师，巴不得学生学点东西，所以跟工厂的领导说，说你们工厂有什么技术问题，你就交给我，我来替你解决，同时把学生带在这里，等于是技术改造、开发。工厂说很好，因为他们还信任我，知道我还是专家啦，就我给创造条件做实验、装机器。我就把学生带进来了，学生也很高兴。做了还不到一半，又被工学队领导发现了，说这个人很不老实，到工厂又搞这一套，又搞资产阶级这些玩意儿，所以又把我调回来了，不让我跟学生接触。然后就把我调到学校里面劳动。所以我当时当老师是非常难的事情。

1973年有两件事情，你们大概都知道，一个是"白卷先生"。人民日报一登，变成反潮流的影响，就是不准考学生，学生越不懂越好。还有一个事情，叫做一个"小学生的日记"，是黄帅那个，又是反潮流的。这样一来，我们更没法工作了，反过来他们又考我们。"四人帮"派一个工作组到清华来，专门考教授，说你们都不会，你们还考人家，这样整个教育不就遭到了破坏。

还有一个电影，名字我忘记了，说上大学要什么资格，手就是资格，上面有老茧，这就是上大学的资格，就是不要文化了，不要知识了，所以"文化大革命"破坏得非常厉害。中国高等教育是彻底地被破坏。同时也有一些愿意学的，但就教育整体来说遭到了破坏。邓小平说了那句话我非常赞同，说中国要赶上世界先进水平，必须要从教育和科研做起。

所谓"科教兴国"，所以邓小平这个决策非常重要，这次会议我觉得是一个重大的转折。也是中国走向正常或者向先进水平发展的一个重要决策，没有这个会议很难达到。其中当然也谈到恢复高考，因为高考本身就是很重要的内容。

第一届是77级学生，是春季入学，1978年就正常了，是秋季入学。前几届有很多上山下乡的知青，特别是77届、78届，比较多。他们这批学生里面我倒觉得比较优秀，为什么优秀呢？因为以前交白卷是光荣，觉得学都是无用的。而一恢复高考，要考这些青年，他们必然是勤奋的，他们之所以能够考取，就是在上山下乡之后还是很勤奋地学习，加上他们又通过了上山下乡的锻炼，社会实际经验的锻炼，应该说是比较好的。77届、78届，有很多都在社会上变成了骨干。

"文化大革命"当中，我们人才、教育断档了，耽误了一代人。所以1977年座谈会上大家都积极发言，有几个重要的方面。一个是教育和科研工作的破坏，破坏到这个程度，你想想看，知识分子被破坏，教育被破坏，中国还有什么希望。所以在那个座谈会上大家积极发言。邓小平听了大家的发言以后，作出了非常重要的几个工作。这些决定都是划时代的，对中国确实是划时代的决定。

第三节 那些被高考改变的命运

1977、1978级大学生,是一个多数人经历过上山下乡磨练的群体,是一个经历了最激烈的高考竞争后脱颖而出的群体。他们年龄差异巨大、社会阅历丰富,求知欲望强烈、学习格外刻苦,心态积极向上、敢于拼搏进取,但知识不够完整。他们是改革开放的受惠者、推动者和维护者,其命运与改革开放息息相关。作为一个在特殊历史时期产生的特殊群体,77、78级大学生的经历和道路不可复制,其经验和精神却可以传承。

他们在动乱年代抛洒青春,参加过恢复高考时激动人心的考试竞争,在风云际会的时代成长,与中国改革开放40年的历程密切相关,是特定历史条件下产生的一个特殊教育群体。近10多年来,已出版了许多诸如《难忘1977》《我们的1977、1978》之类的著作,并发表了大量的文章。不少学术文章还对77、78级大学生进行宏观的扫描,在回顾其成长历程的基础上,分析其群体特征,并探讨该群体的命运与作为,从中看出时代与人物的互动互造关系。在这里,我们从大量历史回忆和学术文章中摘取一部分内容,来缅怀这一段尘封的记忆。

一、时代与人物的互动:77、78级大学生群体扫描

空前绝后的教育群体

1978年,是一个不同寻常的年份。这一年,1977年恢复高考后的首批大学生(77级)于春天入学。紧接着,夏天又举行了全国统一高考,秋季,78级大学生入学,结果在这一年里有两届学生入学。1978年冬,中国开始了改革开放的征程。这样,77、78级大学生与改革开放历程同步。

77、78级大学生,是中国高等教育史上十分特殊的一个群体。1977年

招生的专业较少，有不少专业是1978年才首次招生，于是78级大学生也是这些专业的首批大学生，类同于77级。还有许多专业1977年招生人数很少，如教育学专业1977年只有北京师范大学、东北师范大学、杭州大学等少数几所学校招生，法学专业只有北京大学等学校招生。到了1978年，许多学校扩大了招生专业。

在学期间，77级与78级有一种说不出来的区隔，因为很多78级大学生也参加过1977年高考，而1977年高考是分省市命题、分地市评卷，1978年则是全国统一命题、分省市评卷。不过，这两个年级之间的差异远小于共同点，尤其是77级大学生实际上是1978年春季入学，两届大学生都于1982年毕业，同属于1982届。两个年级的大学生在生源构成和社会经历、思想特征等方面颇为接近。经历过20多年的风雨，两个年级大学生之间的差异日渐模糊，而共同点则日益显现。从宏观的角度来看，他们都属于一个命运共同体。

"文化大革命"后期，招收工农兵学员要求有两年以上工作经验，而1977年恢复高考的一个重要方面就是允许招收应届生。教育部于1977年6月29日至7月15日在山西太原召开全国高等学校招生工作座谈会，决定试招少数应届高中毕业生直接上大学，试招的人数约占招生总数的2%—5%，约4000人至1万人。到1977年9月，邓小平明确要恢复高考时，确定从高中毕业生中直接招收的比例增加到20%~30%。1977年9月6日，邓小平在《给华国锋、叶剑英、李先念、汪东兴的信》中说："招生问题很复杂。据调查，现在北京最好中学的高中毕业生，只有过去初中一年级的水平（特别是数学），所以至少百分之八十的大学生，须在社会上招考，才能保证质量。"一开始还考虑报考年龄限制在25周岁以下，但后来考虑在学业荒废多年、社会百废待兴的时刻，应最大限度地选拔人才，因此，在1977年10月12日的《国务院批转教育部关于一九七七年高等学校招生工作的意见》中，就明确规定"对实践经验比较丰富并钻研有成绩或确有专长的，可放宽到30周岁，婚否不限（要注意招收1966、1967届高中毕业生）"。这一特别规定和提醒，为1966、1967、1968三届毕业生提供了一次难得的考试和录取机会。同时，还规定在校的高中生，成绩特别优良，也可提出申请参加报考。而当时中学的学制是 4 年。正是放宽了报考限制，所以才会有 77、78 级大学生中年龄十分悬殊的情况，出现有兄妹同学，甚至还有个别父子同学的情况，最大者入学时已年过 30，最小者只有 14 岁。

1977 年、1978 年的高考，是录取率极低的高考。1977 年 9 月决定恢复高考时，起初预计报考者有可能达到 2000 多万人，原定计划招生 20 万人，录取率是 1%。后来不少省市采取了地区初试，按计划录取数的 2 ~ 5 倍筛选出来，再参加正式的高考，加上全国超过半数的青年根据自己的文化基础选择报考中专，结果 1977 年最后实际参加高考的人数为 570 多万。后来经邓小平提议，国家计委、教育部决定扩大招生，经过扩招本科 2.3 万人、各类大专班 4 万人，共扩招 6.3 万人，扩招比例达 29.3%，最后录取了 272971人，按考生比例来算，是 21：1，录取率为 4.8%。这是中国高考史上最低的录取率。1978 年，也有扩招的举措，610 万人报考，起初录取 29.2 万人，经过扩招，总共录取了 40 万人，录取率为 6.6%。也就是说，当时包括了大专生的录取率，按现在一般省市的高考录取线来比较，也都在本科重点线（一本线）以上。

因此，77、78 级大学生，是一个多数人经历过上山下乡磨练的群体，是一个历经艰辛终于得到改变命运的机会的幸运群体，是一个经历了最激烈的高考竞争后脱颖而出的群体，是一个大浪淘沙后特色鲜明的群体。

群体特征扫描

1977 年的高考不仅在中国历史上是空前绝后的，而且在世界高等教育史上也是绝无仅有的。由此，77、78 级大学生便注定成为一个很特殊的教育群体。本文对其作群体扫描和宏观概括，其群体特征主要有以下几点。

1. 年龄差异巨大，社会阅历丰富

以往丰富而复杂的学前经历，使这两届学生呈现多样化的特点。77、78级大学生在上大学前几乎所有人的遭遇和生存状态都不一样，每一个同学都可以说出自己独特的高考故事。有的人已经是几个孩子的家长，有的人则连什么是恋爱都还没想过；有的人带薪学习，有的人拿奖学金读书；有的人成熟练达，有的人年少气盛。这种差异化的班级集体，可以有更多的交流。当时录取分数也略有不同，通常是年龄较大的老三届基础较好，分数要求也较高一些。正如有的论者所说的："不会再有哪一届学生像77、78级那样，年龄跨度极大，而且普遍具有底层生存经历。不会再有哪一届学生像77、78级那样，亲眼看到天翻地覆的社会转变，并痛入骨髓地反思过那些曾经深信不疑的所谓'神圣教条'。不会再有哪一届学生像77、78级那样，以近乎自虐的方式来读书学习……这就注定了77、78级要出人才。"在饱经沧桑之后，这一群体普遍个性坚定沉毅，较能吃苦。而在社会上摸爬滚打所形成的坚毅的个性和练达的人情，也成为日后的发展的重要因素。

2. 求知欲望强烈，学习格外刻苦

1977年、1978年的高考，由于备考时间很短，考生原有基础便显得格外重要。机遇总是偏爱有准备的头脑，"文化大革命"期间坚持读书者不全是最聪明者，更多的是喜欢读书者、有信念者。1977年、1978年考上大学者除了智力因素以外，更多的是非智力因素在起作用。过去，科举时代有"读书种子"之说，77、78级大学生中也有部分属于"读书种子"，在"读书无用论"盛行的年代仍然坚持读书，在"知识越多越反动"的氛围中追求知识，在一般人理想破灭的时候追求理想，因为有信念、有爱好，或者就是天性喜欢读书。另外，这两个年级的大学生中，出身于知识分子家庭的比例也较大。以厦门大学8821名学生的档案作为有效样本作研究，77、78级大学生中出身于学界家庭的比例达到25.38%和23.46%，在各个时期中是最高的两个年级，尤其是与1965年的6.2%、1976年的9.83%相比大大提高。而77级出身于农民家庭的比例是11.93%，78级的是11.27%，是各个时期中比例最低的，尤其是与1965年的47.05%和1976年的26.08%相比，更显格外悬殊。这在一定程度上说明，在书籍匮乏、社会普遍不重视教育的年代，家庭的影响起着较大作用。

20世纪70年代末80年代初，大学生普遍有一种"知识饥渴症"。77、78级大学生，知识的饥渴感尤其强烈，非常珍惜来之不易的学习时光。当时人人会背诵"攻城不怕坚，攻书莫畏难，科学有险阻，苦战能过关"这首诗，大家都懂得要"将被'四人帮'损失的时间夺回来"的道理。77、78级大学生，这是一个由在文化断裂的年代坚持学习的人组成的群体。大学期间都努力抓住机会，给自己补课。这一群体中许多人的强烈求知欲，还延续到毕业后的很长时期。

3.心态积极向上，敢于拼搏进取

恢复高考，改变了以往许多人听天由命、前途由领导决定的观念，使广大知识青年知道可以通过自己的努力改变处境，让人们觉得有了盼头儿。许多参加过高考的过来人认为："高考以它的公正，丰富了一代又一代人的梦想，赋予我们公正平等的竞争精神，冷静沉着的竞争意识，以及一种永恒的拼搏精神。"经历过高考的成功，77、78级大学生普遍带着一种乐观向上的心态投入学习。在那个物质匮乏、精神亢奋的年代，对理想的追求远远高于对金钱的追求。科学的春天到来，冰封多年之后的解冻，造就了一批富有理想的青年。他们知道"人生能有几回搏"，在激情燃烧的岁月，在大学绽放出青春的花朵。在校期间，他们欣逢"拨乱反正"和改革开放的思想解放运动，经历了"实践是检验真理的唯一标准"大讨论，大家开始反省"文化大革命"，接触西方马克思主义、弗洛伊德、存在主义、民主政治观念、邓丽君的歌曲……并参与了人生观大讨论、"伤痕文学"的创作，等等。

命运之神对77、78级大学生也格外眷顾，历史给了他们非常好的机遇，他们中的多数人对邓小平、对国家和社会也有一颗感恩的心，具有报效祖国的使命感和责任心，满怀为国家民族勇攀科学文化高峰的豪情壮志。在大学生被视为"天之骄子"的时代，77、78级大学生相对较为乐观自信，许多人有一种"以天下为己任"的抱负和"天将降大任于斯人"的期待，并具有较强的爱国主义、集体主义的观念。在特殊历史时期、在学期间形成的顽强拼搏、昂扬向上的精神特质，影响了他们的一生。

4.知识不够完整，外语基础较差

"文化大革命"的十年，在"打倒封资修，砸烂旧世界"的口号下，有多年教育基本是中断的，即使"复课闹革命"后，有几年语文课本中连唐诗宋词和西方文学作品都基本上被逐出，甚至以《工业基础知识》《农业基础知识》课程代替数、理、化课程。历史课、地理课就根本没有开设，77、78级大学生的历史、地理知识很多是靠准备高考的短时间内"恶补"的。英语教材学完26个字母后，就以"毛主席万岁"为开头，背诵少数单词包括了

"贫下中农""资本家"这类现代英语中极少用到的词汇。在"教育要与工农相结合"的宗旨下,除了短暂的"回潮"时期以外,每学期都"开门办学",安排中学生学工、学农、学军。这一群体中的多数人,或在中学毕业后上山下乡,长期投入体力劳动,或在最佳受教育的年龄整天处于动乱的环境中,知识不成系统,尤其是外语水平普遍较差。或许勤能补拙,但有些知识和能力错过了最佳学习时间很难弥补。因此,有 77 级大学生反省:"我们都经历了磨难,经得起摔打,同时,心态成熟,善于处理人际关系,因此,当官的和经商的都有不错成绩。但我们做科研有先天不足,相对来说,后面的大学生基础更扎实。"

群体的命运与作为

77、78 级大学生走出大学时,中国的改革开放正在紧锣密鼓之中,他们用青春年华和才智参与其中,他们见证了改革开放的整个过程。也正是改革开放的大潮,舞动着他们的人生奇迹。他们是改革开放的受惠者、推动者和维护者,其命运与改革开放息息相关。

20 世纪 70 年代末 80 年代初,中国还处于百废待兴、急需人才的状况。甚至在 77 级本科生读到三年级时,主管部门就曾在部分大学征求学生的意见,问是否愿意提前毕业,读完三年或三年半就按本科毕业走上工作岗位。1980 年夏到 1982 年春之间,1977 年考录的 27 万本专科大学生陆续毕业,成为改革开放后所选拔、培养的第一批优秀人才,为求才若渴的中国社会注入了一批新生力量。1982 年夏,40 万名 78 级大学生也基本毕业。经过十年浩劫,各行各业人才出现断层,而 11 年的耽误和积压人才,67 万毕业生汇聚到一起喷涌出来,作为当时社会的稀缺人才,受到普遍欢迎。当时流行在大学生中的一个顺口溜叫做"金 77、银 78",大学生把这个来之不易的求学机会比作金银一样珍贵。另一种说法则是,因为这两届学生成功率之高,被民间戏称为"金 77、银 78"。77、78 级大学生集合了 13 个年头的青年中的精英,因而人才较为集中一点也不足为奇。"有人称:'世无英雄,遂使竖子成名',意谓在历史的断层,适龄人才短缺成就了'77、78'的一代风流。其实,'77、78'的成功不在知识,不在年龄,而在精神。这是一种落入底层社会、过早承载人生苦难、洞悉人情世故、强烈渴求改变身份现状而又能屈能伸的坚忍奋斗的精神。改革开放近30年，'77、78'大体扮演了新思想的传播者、旧秩序的改革者、新体制的维护者三种角色。"

相对其他同龄人而言，77、78级大学生无疑是时代的幸运儿。考上大学，在当时是令人羡慕的大好事，"大学生"头上似乎罩着光环。他们的工作和发展机遇特别好，作为与众不同的群体，起点普遍比其他同龄人高，后来发展也较快。20多年后，无论是在政界、学界、商界，都有许多领军人物是77、78级大学生。2008年以来，随着各级、各地中高层党政领导班子中77、78级大学生的增多，有人将之称为中国政坛的"77、78级现象"。"77、78级现象"的出现在一定程度上属于自然更迭，也是特定时代的需要、特定时代的产物。

时势可以造英雄，英雄也可以造时势。历史时代与教育群体之间存在着一种互动互造关系，77、78级大学生也体现出一种时代与人物交互影响的关系。特定的时代造就了77、78级大学生，恢复高考、招收优秀人才进高校深造，让他们具有了登上历史舞台施展抱负的机会，而77、78级大学生毕业后为国家的发展积蓄了足够的能量，也为改革开放和经济发展贡献出智慧和力量。历史不一定记得他们中单个人的所作所为，但一定会记得这一群体的所作所为。1977年恢复高考的重要意义，不仅仅是邓小平顺应时势的英明决断所赋予的，而且还由77、78级等恢复高考后考上大学的人才的所作所为体现出来。

"才生於世，世实须才。何世而不生才？何才而不资世？"一个时代有一个时代的产物，一个时代有一个时代的人物，如唐代的诗与诗人，宋代的词与词人。77、78级大学生是从2000多万被耽误了青春的人中突围而出的一个群体，相对于现在的大学生，他们的命运与经历颇有几分神奇的色彩。作为一个在特殊历史时期产生的特殊群体，77、78级大学生的经历和道路不可复制，但其经验和精神却可以传承。通过几代人的努力，中国在接下来的20年间或者更长的时间，可能将是一个科学和文化成果集中产出的时期，经过多年的磅礴累积之后，终会有喷薄而出的一天。

江山代有人才出，各领风骚数百年。但在现代，即使是人才，大概也只能各领风骚数十年甚至三五年。77、78级大学生都站在同一起跑线上，毕业后起点相同，经过多年的发展，终点却各不相同。不像一般大学生多为同龄人因而基本上同时退休，由于年龄差距很大，77、78 级的人才洪流，在一波老三届的人才洪峰消退之后，还将在中国历史舞台上持续十年。77、78 级大学生在中国改革开放 30 年的历史上留下了深刻的印记，其影响和作为，相信还将在未来的岁月中更加显现出来。

（以上摘自 2008 年第 12 期《教育研究》，作者：厦门大学高等教育发展研究中心教授、厦门大学教育研究院院长、博士生导师刘海峰）

二、高考的历史：恢复高考后的第一年考了什么题目？

6 月初这个时间点似乎没什么特别的，太阳依旧照耀，地球照常运转。但对于中国人来说并不简单，过来人会心有余悸地感慨："又是一年高考时。"中学校园里，几百万考生步入考场，接受人生的一次考验，在他们背后，是无数家长殷切的目光。高考的变化牵动着人们的神经，哪怕只是一点点细微的改变。其实对于考生来说，那不只是一场考试而已，那是 12 年应试教育的终结，是未来的一种选择。没交卷，决定权还在你手里，交了，就听天由命了。6 月底放榜，一定是"几家欢乐几家愁"，年年如此。在有些人眼里，高考的失败意味着唯一出路的断绝。

高校很少，但社会人才的需求量很大，所以当年的毕业生都被国家养下来了，基本上都予以分配，直接当干部了。用不着满大街投递简历，一天赶好几场招聘会，为一碗饭而奔忙。1951 年高校毕业生 17800 人，1952 年 26169 人，1954 年 40350 人，恢复高考后的 80 年代初，人数也不是很多，1982 年高校毕业生 31 万人，1983 年 28 万人：严重的供不应求，用人单位几乎都是抢着要人的。这跟今天比简直就是乾坤倒转，很多人都觉得不可思议，怪不得那时考上大学的人都被视为天子骄子呢。如今毕业生为找工作屡屡碰壁的时候，家长们就会不自觉地想念那个时代，然而并没有什么用，青山遮不住，毕竟东流去。

现在每年虽有 900 多万考生，但录取率已经不可同日而语，变化太大了，竟然可录取 600 多万人，以前参加考试的都没 600 万。考上个大学似乎也不如当年那么荣光，因为人们变了，对大学的要求不仅仅只是有学校可上而已，还希望能够过一本线，甚至进211、985等重点院校。今昔对照，不禁敬佩那些七八十年代可以考上大学的人们，许多人家境都很贫寒，家里有好几个兄弟姐妹，师资条件、办学条件也远不如今天，因为经济原因，半路辍学的也不少，这么困难的情况下，千军万马过独木桥竟然都过去了，尤其是82届的毕业生，都很不容易，不妨让我们追忆一下他们所参加的77年高考。

那年年初也没人想到会有高考，毕竟已经停了这么多年。要是想上学，必须经过群众推荐，领导审批。也就是说不是每个人都有资格去考的，还要看看家庭背景，还要经过领导同意，这就为开后门等暗箱操作提供了可能，当时中央多次发文，要求领导干部以身作则，不要只推荐自己人，却并没有什么效果，武大的化学系教授说，现在连小学生都知道，今后上大学不需要文凭，只要有个好爸爸。推荐还有个弊端就是不能保证生源质量，没怎么读过初中、高中的突然就去读大学，这哪跟的上，肯定要挂科，毕不了业，培养出来的肯定也不是什么人才。邓小平后来听说清华有这样的事，非常不满。"那就应该叫清华中学，清华小学，不能叫大学！"

一篇82届毕业生写的回忆文中，他这样描述当时的情形：

1976年，公社保送工农兵学员，我背着家人又去报名，因为我害怕家人再次为我的失败而痛苦。当时，管报名的是我父亲的朋友，他一见第一个报名的是我，连忙把我拉到一边，极其神秘地对我说："这工农兵学员就别奢望了，你想，全公社就两个指标，100个当官的人争，根本就轮不到你，再说你的政治背景……"他看到我双眼是泪，再没有说下去，只是边摇头，边重重地叹下一口气，回来后，我心如刀绞。

邓小平复出后，转折点终于来了，七十三岁的他主动要求抓科教工作，拨乱反正。8月初，召开科学与教育座谈会。便提到了恢复高考这一命题，当时教育部门以来不及为由，想要维持推荐上大学的方法，引起了与会者的反对，高等院校的专家学者认为生源的质量更加重要，如果能保证生源，晚入学一点关系都没有，那些想上大学的看似水平不高，但也不是没有人达到要求，只是被埋没了。最终恢复高考占了上风，并出台文件予以说明。

报考人员：工人、农民、上山下乡和回城知青、复员军人、应届毕业生

考试时间：12月10日、11日、12日

入学时间：1978年2月底前

考试科目：政治、语文、数学、理化（理科）

政治、语文、数学、史地（文科）

考生人数：570万

试题：分省自主命题

仔细领悟文件精神，发现和今天比有一定的差别，竟然没有外语！很多对英语不感兴趣的、迷茫的都巴不得在那个时代考，其实也有人要考的，外语专业的加试外语，然后就是政治这个学科文理都要考，现在只有文科要，没有生物考试，时间也比较晚，特殊时刻特殊对待。

恢复高考的消息很快传遍了全中国，连偏远山村里的人都知道了，许多想改变命运的人都跃跃欲试，且看经历者多年后的回忆：

"中央文件一发，那真是'唤起工农千百万，同心干，不周山下红旗乱'。大约在10月，人人都激动起来了。从'"文革"'前高1966级到1977级应届毕业生，整整12届'精英'，要当场分出高低，定下名分，和平时期打江山，高考是万里征途第一关。"20多万人的命运将因此改变，有人把高考的结局称为"上天入地"，怎么解释呢，就是考上了就可以被分配，进入体制，后半生不愁，如果没考上，就得接着下地种田，和祖祖辈辈一样，为了城市户口、更好的生活，拼了。下乡的知识青年不愿在农村了度余生，谁不想出人头地？特别是那些有本事、有上进心的人。知青渴望回城，如果考上了不就可以回城读大学了么？简直是忽如一夜春风来，各地的学习气氛空前浓厚，教材更是紧缺资源，供不应求，排长队购买，抢着传抄，就连解放前的老书都给翻了出来。

我们来体会下当年的气氛：

"那时，城里的年轻人胳膊下大都夹着一本四川省中学统编教材。不管是真考还是假考，你得手持知识以示上进。我有个工人朋友，不识几个字，平时老找我给他写恋爱信。一天，老兄夹着一本《战地新歌》来找我写信，问他带书干啥，说是女朋友叫带的。女朋友讲：'厂子里很多人带书，人人

脸上透出兴奋，准有好事。咱也闹上一本。'"

"离考试只有两月，我把中学教材拿来一阵猛背。我有一个朋友，跟我一样没文化，看到我背到 sin 和 cos，佩服地直流口水，那年头，能干上'赛银'和'可赛银'的，在那帮没文化的弟兄中我是第一份。"

"临近高考时，老师经常在晚上为我们几个准备高考的学生加课辅导。一些社会上的人听说后找关系进来旁听，后来人越来越多，教室里待不下，就到礼堂辅导，最后竟然发展成整个礼堂都是人。我们十几个学生坐在最前面，后面黑压压地站满各式各样的人，有青年工人，有下乡知青，他们手拿笔记本，神情庄重地听着老师讲课，在昏暗的灯光下记录。回头看看，我们心中自然地生出一种优越感。他们中的许多人前几年也和我们一样，不好好学习，在学校捣乱，遗憾的是高考的恢复并没有从他们那一届开始。"

考试的那一天终于来临了，积压了十年的考生要奔赴迟到的考场，理论上有 3000 万人可以参加，因为各种原因，实际参战的有 570 万，在当时也算天文数字了。考试大军中，老三届比较占优势，就是 66、67、68 三届高中生，毕竟上过高中，有点基础。只是十年一晃而过，好多老三届早已结婚生子，不少夫妻同时考试。更神奇的，甚至出现过父子同场的，人生又有几个十年？准备试卷的时候，工作人员发现，根本就没有那么多纸张印几千万张试卷，最后还是拿印《毛选》的来救急，国家物质匮乏，无奈之举。考试时间到了，没有监控摄像头，全凭监考老师把关，试卷也发下来了。这高考试卷有时候用全国卷，有时候自主命题，最近有些省又改回全国卷了，真是应了一句经典名句："天下大势，分久必合，合久必分。"77 年的高考是分省命题，各不相同，相信你也非常好奇，那时的高考都考个啥？不用急，看看下面的 1977 年高考语文山东卷。

1. 作文《难忘的一天》（80 分）

2. 解释词语（10 分）（1）诽谤（2）踌躇（3）明火执仗（4）居心巨测（5）高瞻远瞩

3. 给下列文言文加上标点，并译成现代汉语（10 分）

总分 100 分，现在是 150；总共就三道题，现在十几二十道；作文占总分五分之四，真是得作文者得天下。若用今天的眼光看这些题目，简直太水了，哪是给高中生做的，初中生都可以完全拿下。但在当时可不是那么容易，出高考题的肯定是有水平的老师吧，他难道不知道这个试题的难易程度吗？他肯定知道，而且也不是一个人出的，可最终还是用了，说明了什么，不用说，你懂的。考完自然需要人评卷，不妨看看当年改试卷的老师在多年后怎么说：

"试题分量、难易程度及题型都简单到不能再简单的程度，这和后来的高考题简直不可比拟，现在小学升学的语文试题也要比这个复杂得多。即使这样，对于"文革"期间的学生来说，他们并不觉得容易，这对老三届的考生就大为有利了。"

"从选材看不存在问题，思想观点没有错误，如有选'毛选'五卷发行的，有知识青年下乡的，有写入党入团的，有写忆苦思甜的等等。但真正按记叙文的要求写，可做范文的很少，主要问题是，语言干瘪，内容不具体，假话大话空话多，空泛议论，喊政治口号……有的不注意审题，另起炉灶；有的凭空捏造，随意虚构，脱离实际。如在我批的卷子中，有一学生这样写道：'在打井时，不小心让石头砸掉一个手指头，但轻伤不下火线，我捡起手指往腰里一别，继续干起米。'"

每年高考作文都是社会各界关注的焦点，经常有准高三的学生看了作文题，叹息一句："幸好我不是今年考。"再看看其他省份的高考作文，关于政治与人生的比较多，以下是其中一部分：

天津：《他像雷锋同志那样》《宏伟的目标鼓舞着我》

河北：《我将怎样度过今后不平凡的二十三年》《园丁赞歌—记我最尊敬的一位老师》

湖南：《心中有话对党说》

浙江：《路》

吉林：《伟大的胜利——难忘一九七六年的十月》

内蒙古：《谈实事求是》《在红旗下》

湖北：《学雷锋的故事》

江西：《难忘的时刻》（理科）《当我想起雷锋的时候》（文科）

辽宁:《在沸腾的日子里》《谈青年时代》

相比于数学,语文还算好考的,作文写个题目都有点分,可数学就不容乐观了,面对着函数等题目,许多考生简直就是看天书,有些省不及格的人数接近七成,几十年后的今天,好多省的数学平均分都及不了格。至于政治、地理、历史,背了问题就不大,08年后就没这么死板了。

经过一番苦战,只有少数人脱颖而出,大部分考生还是该干啥干啥,结果显示:各大高校共录取学生 27.3 万人,录取比例为 29 比 1,新中国成立28年来,竞争从未如此激烈。因为是冬季考试,所以入学时间定在春季,学制四年,于 1982 年毕业;没考上的也不用灰心,半年后,又将举行 1978 年的高考,同样有机会。

记得有本教辅试卷叫《天利三十八套》,掐指一算,恢复高考后考试部门也确实出了三十八套试卷考中国的学生,一年算一套。时间渐渐流逝,流年似水,学校还是那个学校,里面的人变了,一届届考生进进出出,不断更替着。当年上课无聊的时候总觉得离毕业太遥远,如今昔日的同学又身在何方?幸福与否?多少人毕业即分手,一别便是永远。翻开当初他们留下的优秀作文选,端详着稚嫩文笔,不禁思忖:七十年代末的那些老学长学姐去了哪里呢?估计都退休了吧!那时没有手机,没有网络,一份份发黄的同学录在哭诉,他们早已难以寻觅。

有人说看到了这些老学长、老学姐:他们在校史馆的照片里,他们在成功人士的讲座中,他们在一场场返校联欢会上……现在偶尔可以看见高校打着横幅:欢迎85届某某专业某某班返校联欢。一群饱经沧桑的人又回到最初的起点,回忆着那些年的轻狂与幼稚:在寝室打牌、半夜给暗恋的女生写情书、为了一个文图跟老师争得面红耳赤、下课哼着邓丽君的歌曲……老人们惊奇地发现,以前谈恋爱还要偷偷摸摸,生怕辅导员发现,现在的孩子当众接吻也没什么稀奇,昔日的校舍设施简陋,夏天寝室根本睡不着,现在新校区拔地而起,设施齐全;变了,都变了,回不去了……时间可以改变一切,有的人手握权力、军队、财富,自以为天下无敌、不可一世,可他错了,他战胜不了时间,更无法阻止自己的衰老,他能把敌对者肉体消灭,却不得不接受最终被时间吞噬的结局。时间对每个人还是公平的,它不会让人青春常在，也不会让人长生不老。

俱往矣，曾经发生的都结束了，一起被时光带走的，还有那逝去的青春。

（以上刊载于2012年7月25日《光明日报》）

三、那年我曾"过五关"——刘敬瑞的1977年高考

1977年，在历史的长河中只是短暂的瞬间，但它却是我人生道路上至关重要的一年。这一年，中断了11年的高考获得恢复，我的人生轨迹也随之改变。

报考

1977年我在费县薛庄公社巨庄联中任高中一年级语文教师。9月中旬的一天，我在县城教书的本家哥哥刘敬修专门找到我，告诉了我要恢复高考的消息，并鼓励我一定抓住这次机会，报名应考。我心里又惊喜又疑虑。十年浩劫，我们这一代人上大学几乎成为遥不可及的梦。这次的机会让我激动，我答应了敬修哥。

10月21日，中央人民广播电台正式播发了重新恢复高校招生制度的消息。根据教育部《关于1977年高等学校招生工作的意见》，招生对象为年龄不超过25周岁的未婚工人、农民、知识青年、复员军人、干部和应届高中毕业生，"老三届（66、67、68年的高中毕业生）"婚否不限。这个重大喜讯不啻于爆炸了一颗原子弹，强烈震撼着中国这个刚刚从梦魇中醒来的国家，也同样震撼着我的心灵——传闻被证实了，我正好符合第一个条件，我终于有通过复习考试凭学习成绩进入大学校门的机会了！我出身农民家庭，兄妹四个我是老大，加之母亲又长年身体不好，所以，报考时只填了一个不可调剂的志愿——临沂师专中文系。

复习

现在回想起来，当时的报考有点大胆，因为我当时的基础实在太差，而且离高考只有一个多月的时间，时间仓促，我还是"跑教"——工作单位离家8里路，每天步行一个来回16里路，我担任高中一年级语文教师，还是班主任，请假复习是不可能的。没办法，只能见缝插针，将一切可以利用的

时间都利用起来。

支撑我坚持下去的第一强大动力，就是考上大学就能脱离农村，吃上国库粮。当时，我是代课教师，每月 12 元的工资要交生产队 6 元买工分，而公办教师每月工资在 40 元—60 元，人们戏称为"一个阶层中有两个阶级"。考上大学就能当上公办教师，跳出教师阶层中的"代课教师"阶级。而且因为教学的需要，我一直没有中断学习，所以我的语文基本没有复习。其他的例如历史、地理、政治，由于我从小爱看课外书，这些科目都没问题，只是数学是我最大的短板，但是没有办法，能学多少算多少。

紧张的复习随即开始，我先将数学作为复习的重点与难点，遇到不懂的地方，就让我教数学的同事帮忙讲解，一页一页向前推进。我的政治学习是利用放学回家和早上去学校上班的时间背诵的。好几次掉到路边的沟里或碰到树上。晚上我会抓紧时间在煤油灯下复习几小时，早上 5 点又带着满鼻孔的烟味步行 8 里到学校上课。有一天，公社电影队到村里放电影，地点就在我家门前。当时农村的文化生活贫乏得可怜，除了村里的大喇叭，小喇叭还不是每家都有。公社电影队一年到村里放两次电影，是村里的一大盛事。天一过午，孩子们就纷纷拿出家里的椅子凳子甚至砖头石块去"占空"，那阵势蔚为大观。但是两个小时是宝贵的，我怎能放弃？于是我耳朵里塞上棉花，继续复习。

考试

1977 年，山东省高考第一天是 12 月 10 日，薛庄公社的考场设在离我们村 20 里外的诸满中学，考生住在学生的架子床上，自带被褥干粮，吃饭的时候学校食堂供应开水。临沂考生的干粮也就是煎饼咸菜，一般都是地瓜干煎饼，麦子煎饼都很少，条件不好的地瓜干煎饼里还掺着野菜。极少同学有带馒头面食的，因为那都是吃"国库粮"家孩子的优待。那个时候在生产队，一人一年才分 60 斤小麦，过年过节才能大方地吃一顿馒头饺子。

我与邻村的几个考生前一天下午就背着行李步行几十里赶到那里。那是一个阴天，西北风刮得很紧。当我们走到离目的地二三里地时，公路两侧的沟里，有不少社员在向地里清土——那时的农民是没有节假日与休息日的，不分春夏秋冬，一年四季都要干活，有句口号叫"一直干（活）到（腊月）二十九，吃了水饺（大年初一）再动手"。有一个青年人看见我们这一小队人马过来，立即喊了一句我到现在还清楚地记得的话："玩龙玩虎，不如玩土！"我想这既是对我们的嘲笑，也大概是支撑他们一辈子做新中国农民的精神支柱。

考场非常简陋，桌椅破旧不堪，门关不上，窗子上的玻璃还破了一块，冷风一阵阵向身上扑来。一个考场 40 人，一桌两人。考场里很静很静，一个作弊的也没有，别说交头接耳、扔纸团的，就是同位也没有偷看对方的。事后我听说诸满中学一个理科考场就有个高二考生与他的老师排在同一个桌上考试，但那高二考生一眼也没有偷看，结果是他名落孙山，他的老师被录取了。

我记得当时考完后给我的感觉是史地太简单了，考不出水平；政治也不难，数学卷子做得非常艰难，大约能得四五十分。我印象最深、成绩最好的是语文。文科考生考了三个大题：一是解释词语，很简单，有 5 个，我基本没有失分；二是给一段文言文加上标点，并译成现代汉语，就是"鹬蚌相争，渔翁得利"那一段，我过去虽然没有接触过，但断句基本正确，也都翻译出来了；三是一篇作文，题目是《难忘的一天》。这篇作文我感觉最满意但也最担心：我写的是 1972 年 10 月 30 日——自己参加工作后的第一个秋假当"老师"的事情，由于是我亲历的又有点搞笑的事情，我的作文写得很顺利，不知不觉就写满了三页纸。最后考场里只剩下几个人了，监考老师站在我身边看卷良久，安慰我说："慢慢写，铃响再交卷就行"。看监考老师的表情和我的自我感觉，文章写得还是不错的，应该得高分。

我最担心的是考完后一打听，考生大多写的毛泽东逝世那一天。当时强调的是突出政治，阅卷老师会不会因此而给我打低分呢？如果那样的话可就砸锅了！这件事令我惴惴不安，直到录取通知书下来我才放下心。

当然，大部分考生没有答好，不少考生在考场上急得抓耳挠腮，还有的甚至交了白卷。我右侧的一位考生干脆趴在考桌上睡着了，竟然打起了呼噜。

体检与政审

春节后,我接到了体检通知,过了体检线。当时过了体检线,就意味着一只脚已经迈进大学的校门,只要报的志愿没什么问题,就可以上大学了。我借了我们村里唯一的自行车,信心百倍地骑着到费县人民医院,顺利地通过了体检关。

那时粉碎"四人帮"不到一年,"极左"思潮仍根深蒂固,考生还要通过严格的政审关。当时高考成绩已经下来,薛庄公社录取了5名理科考生,文科考生只有我一人被录取。因此公社领导非常重视,派刘荣厚、潘金传两位来我村党支部进行政审。这两位正是我的同事,政审的措辞是与我一起商量后定稿的,当然不会有什么问题。

五个关口我都顺利通过。大学,终于向我敞开了大门! 1978年2月底,我背着背包,提着行李,走进了大学。从此开始了我几十年忙碌而充实、紧张而有秩序的大学学习、教学、科研、管理生涯。

(以上刊载于2016年6月临沂文明网,作者刘敬瑞)

四、1977年的回忆:赶上那年高考是我一生的幸事

1977年恢复高考,许多考生个人命运都因此发生了重大转折。现为山东省机关干部的刘相,就是当年570多万考生中的一员。日前,他对记者讲述了恢复高考给他个人命运带来的变化,以及他所经历的1977年高考。

刘相说,那次高考之所以令人难忘,是因为它在中国高考史上是"史无前例"和"空前绝后"的。参加高考的人几乎都是在国家决定恢复高考后不到两个月的时间里仓促上阵的。从1966年至1977年,由于"文革",高考中断了十多年。初中或高中毕业生只能"上山下乡","接受贫下中农再教育",或者回乡务农,少数有"门子"的、"关系"硬的,或被推荐"保送"上学,成为"工农兵学员",或进入解放军"大学校",或招工成为"领导阶级",根本不可能有通过复习考试凭学习成绩进入大学校门的机会。所以,国家一决定恢复高考,失去十多年高考权利和机会、有资格报考的人,蜂拥而至。

与当时大多数同龄人一样,刘相1975年夏天高中毕业后,只能回到农

村，先是开了一年多拖拉机，又干了一年民办教师。他说："国家恢复高考的消息，我是从广播喇叭里听到的。由于当时自己教好几门课，当好几个班的班主任，又不好意思请假，只好白天在学校里忙于教学等事务，晚上就点上煤油灯复习几个小时，早上又带着满鼻孔的烟味上课去了。"

对于当年高考的"盛况"，刘相至今记忆犹新。他说，由于十多年中断高考，所以1977年报考人数特别多，达570多万人，甚至不少父子、母女、兄弟、姐妹、师生携手同进一个考场，挤"独木桥"。报名人数虽多，最终仅录取了27万多人，录取率不到5%，是新中国成立以后高考竞争最激烈的一次。刘相说："我所在的山东省那个小县城当时有90多万人口，通过大中专初选的仅56人，最终过了成绩、政审、体检关进入校门的还不到50人。今年全国高考报名人数超过1000万，招生计划达560多万，前后30年，这变化实在令人感慨万端。"

刘相回忆说，当时无论录取不录取，都不通知考生考试成绩，好多学校录取主要不是根据考生的志愿，而是根据成绩。"说来可能许多人不信：大学毕业已经25年了，我至今不清楚当年高考成绩是多少。因为当时接到的初选通知书和入学通知书上都没有考试成绩。好多同学的考试成绩是入学后到系里办公室查到的。当时也有不少同学劝我查一下，我想，反正已进了大学门，清楚不清楚高考成绩无所谓了。后来听说山东省的本科线是240分左右，其他大多省市区也大致如此。"

"我出身农民，又在偏远乡村生活，加之那时信息不发达，自己孤陋寡闻，高考前竟不知大学还有本科和专科之分，更弄不清重点名牌大学与一般大学的区别，又加之当时任民办教师时教语文、历史、政治，备课时用的辅导教材都是山东省内一些师专组织编写的，觉得能进师专深造就心满意足了，所以，一连报了三所师专的中文系或政治系，一所本科院校都没报。谁知最后接到的却是省城一所师范院校政史系政治专业本科录取通知书。入学后听不少同学说，他们也不是按志愿录取的。"

因为十多年正规教育中断，"文革"浩劫刚刚过去，加之考生太多，录取率太低，出题老师很难估计考生的水平，所以1977年高考试题出得普遍偏难。当然，拿现在的眼光来看，那年的高考题又太简单了。山东省的作文试题是《难忘的一天》，还有一道分量较重的政治试题，是默写共 200 多字的所谓阶级斗争要"年年讲、月月讲、天天讲"这一当时党的基本路线。那时绝大多数考生都学业荒废多年，考试前既无老师耳提面命讲授补习，也无这样那样的辅导教材作参考，更无家长生活上的关心照顾。在不到两个月的时间里，只能在工作、劳动之余，把一些不像教材的书粗略地翻阅一遍。在这样的情况下，即使试题现在来看再简单不过，不少人也答不好，甚至有的交了白卷。

"1977 年参加高考令人难忘的事情还有很多、很多。当时的事情，现在的考生也许会觉得不可思议，有点像冬天里的童话故事。能赶上 1977 年高考并因此进了大学校门，改变了个人命运，是我一生中的幸事。"刘相说。

（以上刊载于 2007 年 6 月新华网山东频道，记者张晓晶）

五、1977 年高考恢复 30 岁知青终于改变了命运的故事

1977 年高考恢复，我很幸运地参加了，那年我快满 30 岁。

2008 年，我们当年一起去黑龙江的战友们聚会纪念下乡 40 周年的时候，我偶然找到了当年参加 1977 年高考时的准考证和高校录取的报到证，令人难以想象的是：这两张准考证（两张准考证？是的，因为我们确实考了两次）上我的名字都是错的，写成了王鳞生，要是在今天，我可能连考场也进不了。对我来说，这是一场漫长的、迟到的考试，从中学毕业，我用了 11 个年头，走过了千万里，才踏进了考场的大门……

1977 年的春节来临了，"四人帮"被打倒后，国内的情况已经开始发生了一些变化，那一年春节我没有回上海，究竟什么原因已经想不起来了。三月份，当大批探亲知青回到连队时，一些小道消息就悄悄地在我们中间开始流传起来，其中之一就是有可能恢复高考的消息。

最早我是从小苏那里听说这个消息的，因为他找到我，希望我能够帮助他复习数理化。一开始听到这个消息，我并没有激动，我想即使恢复高考，我肯定也是没有资格的，因为我当时马上就要满 30 岁了，这么大的年纪怎么还可能去上大学呢。

其实从一开始我对上大学就没有很强烈的欲望，记得初中毕业的时候，我的志愿是考一所印刷中专，因为我非常喜欢看书，因此就爱屋及乌，希望能够成为一个印刷工人。只是后来许多要好的同学都打算读高中，我也就随大流进了高中。高中时有两本书对我产生了非常大的影响，一本是《雁飞塞北》，讲的就是开发北大荒雁窝岛的故事，后来大概是 1975 年的时候，有一次兵团开会，我还有机会真去了小说写作的原型 21 团，我亲眼看到了书上写到的雁窝岛和小青河。

还有一本是《军队的女儿》，写的是青年学生参加新疆生产建设兵团的故事。中学里我曾经写过这样一篇作文："每当考虑到艰苦和幸福的时候，脑海中往往就会出现电影《老兵新传》（根据小说《雁飞塞北》改编）里一个难忘的场景：狼群出没、杂草丛生的北大荒荒原上来了一支垦荒队，当经过几年的艰苦奋斗之后，这里呈现出一片金浪翻滚、歌声喧天的丰收景象时，农场的老场长却又打起背包到另一个刚开始开垦的地方去了。老场长走了，老场长仿佛在向我们说，'革命者就应这样生活'！"

1964 年，当时上海动员部分初中毕业未考上高中的青年去建设新疆，我曾经参加过他们的欢送会，那热烈的场面使我热血沸腾，真想跟他们一起去新疆，然而因为当时还在念高中而没有去成。

1966 年 6 月，当我们毕业班正在准备填写高考的志愿时，"文化大革命"开始了。6 月中旬的一天晚上，通知我们毕业班听广播，宣读了中共中央和国务院关于高等学校暂停招生的通告，当时我们都表示热烈响应党的号召，不考大学，积极投入到无产阶级"文化大革命"中去，记得那天晚上学校操场上一片狂欢。我不知道当时别人是怎么想的，反正我是真心地拥护这个决定，什么大学，什么高考，什么志愿都没有当时的文化革命重要，我觉得一种解脱的轻松。

两年以后，当学校毕业分配还没有开始的时候，我知道了黑龙江生产建设兵团成立并要来上海招收知识青年的消息后，我觉得实现我愿望的时候到了，北大荒正是我想去的地方，集体生活也正是我十分向往的，但是我有一点担心，因为我不是"红五类"出身，我不知道我有没有资格成为一名军垦战士。

1972 年，在毛主席发出"大学还是要办的"最高指示后，高等学校开始用推荐的方法在下乡知青中招收工农兵大学生，不知道为什么，也许有种种原因，自己从来没有被推荐上，然而我并没有感到特别难受，我们一起来黑龙江的战友，也有回上海上大学的，我曾经写了一首诗给他（她）们送行，表达了我当时的心情："临行紧握战友手，别看今日分两下，雄鹰展翅啊鱼归海，边疆儿女要回家。再来农村滚泥巴，再回边疆跨战马，再听老同学的知心话，再看查哈阳的朝霞美如画！"

高考或许要恢复了，但是我可能还是没有机会上大学，这当然有一点令人惆怅，但这也是没有办法的事情。我答应了小苏，我们的复习就这样开始了。他是六九届初中生，中学课程基本上没有系统学习过，按理说考文科比较容易准备，但他觉得考文科的人可能比较多，竞争比较激烈，倒不如下决心从头学习数理化，准备报理科，我为他的决心所感动，于是我们把复习的重点放在数理化上。那时候可以读的书不多，我在学校里还是很喜欢数理化的，现在重新复习一遍，也算是有些事情做了吧。虽然高中的数理化我全都学过，但毕竟十年没有碰书本了，捡起来还得有一个过程，小苏就更困难了，很多内容以前没有学过，必须从头学起。随着天气的暖和，夏季来临了，这是工程连一年之中施工最紧张的日子，为了抢进度、抓工期，除了下大雨的日子，可以说是天天要忙到天黑，下大雨也能休息，室内的活儿也不少。不光劳动时间长，工程连的活儿还很累，在团直所有这些单位中，工程连的劳动强度是最大的。但就这样，我们的学习还是坚持下来了。收工后吃完晚饭，简单洗刷一下，我们就找一个地方，一般是在连队的小图书馆里，有时也在连部或会计室，开始我们的学习。那时候还常停电，有时候团部自己发电，但有时候就干脆不来电了。连队的保管员那里有蜡烛，我们就只能经常去要一些。课本没有，我们就想法去找文化革命前出版的一些数理化自学丛书。再后来，团直中学毕业分配到工程连的学生小孟也加入到我们这个复习小组里来。夏去秋来，我们的学习始终坚持了下来。

八九月间，我接到父亲的来信，告诉我：中央正在考虑恢复高考的事情，像我这个年龄的知青也有可能可以考大学，随信寄来的还有父亲仔细为我收集的一些辅导材料。父亲的来信给我带来了极大的震荡。久已埋藏在心底的上大学回上海的愿望翻腾起来，搅得我好几天没有睡好觉。回想自己来兵团已经九年了，原先的冲动已经逐渐平静下来，开始理智地考虑很多现实问题。林彪事件和打倒"四人帮"使我对"文化大革命"的目标产生了疑问；周总理和毛主席的逝世使我对国家的前途还有点担忧；兵团体制也发生了改变，黑龙江生产建设兵团改制成为黑龙江农垦总局，我们将不再是光荣的军垦战士了，只不过是普通的农场工人了；这里的情况也并非像我原先所想象的那样，随着农场干部子弟逐渐地长大参加工作，占据了农场很多重要的岗位，从事比较轻松的工作；关系和背景愈来愈重要，走后门等种种不正之风不断发展；一起来的知青也发生了很多变化，有的嫁人了，结婚了，有的上学了，参军了，也有的想小法托关系回城了，还有的办病退回家了，尽管也有些知青提出了扎根边疆不动摇的口号，但实际上很快就不见了踪影。那些日子，我确实很困惑。前年，落实知青政策，我们家三个孩子都在农村，按规定可以回去一个，父亲来信跟我商量，问我是否想回去，我毫不犹豫地拒绝了，我是自愿来兵团的，再则妹妹年纪小，江西农村条件又艰苦，一天工分才七分钱，我跟父亲说，还是让妹妹回去吧！我从来没有后悔我的这个决定，要我打退堂鼓、办病退、回上海进生产组，我从心底里不愿意。但是留下来，在这里成家，我也不甘心，前途又在哪里呢？我想了几天，还是决定回去一次，一方面了解一下情况，另一方面与家里商量一下以后的路怎么走。正好我当年的探亲假还没有休，于是我向连里请了假，回上海了。

那段时间，人们沉浸在粉碎四人帮的喜悦中，弥漫着种种渴望变化的情绪，社会上流传着各种各样的小道消息，当然也不乏恢复高考的传说，我和父母也认真地讨论了我的前途和打算。正在这时，1977年高考恢复的中央文件正式公布了，证实了此前人们的种种传说，像我这样的大龄知青也可以参加高考，并且明确由各省自行组织考试，统一录取，考试时间适当推迟，统一安排在年末，录取新生明春报到。得到这个消息以后，我在上海收集了一些复习资料，在探亲假到期以后，父母催我赶紧回去，就赶回连队了。

回到兵团才发现，很多知青都在准备报考，我所在的工程连身处团部、团机关和团直学校的知青消息更灵通一些，他们有不少人也早有准备。我们这个学习小组当然继续抓紧复习，虽然劳动强度大，不能请假脱产复习，但由于我们起步早，也部分弥补了复习时间的紧张，但仍然感觉时间不够用。而我这下子由旁观者变成了参与者，积极性也进一步调动起来，全身心地投入到这场温课备考大战中去了。

很快，报考的通知正式下来了。报考前还要先进行体检，体检合格才可以报名。体检是在团卫生所进行的，我体检中还出了点岔子，不知怎么搞的，也许是太紧张吧，血压量出来有点偏高，在卫生所工作的朱逸平劝我不要太紧张，到他办公室休息了一段时间，果然血压恢复了正常。由于我们农场知青比较集中，报考的人比较多，还要先进行一次预考，筛掉一部分人，通过预考的才可以参加正式考试。预考以后，自己感觉不怎么样，得了多少分也不知道，好在没有被筛掉，也就是说，还有机会。

终于迎来了正式考试，我又紧张又有点兴奋，坐在团直学校作为考场的教室里边，真有一种陌生的感觉，离开学校已经 11 年了，我真有可能踏进大学的门吗？

数学、语文、理化一门门考下来，当考试全部结束的时候，我终于松了一口气。从知道可以报考，到考试结束，已经紧张了好几个月了，真应该放松一下自己了。然而，与此同时，一种担心和不安的情绪慢慢地在滋长，我不知道自己考得怎么样，要是我考不上大学怎么办？

在等待报考结果的日子里，这种担忧越来越厉害，特别是和一些一起参加考试的战友交流以后，我的情绪就更糟糕了，总觉得自己考得不好，而这次考试很可能是我最后的一次机会，是我们这些人的末班车。特别是还听到很多其他的小道消息，说兵团改制后我们工程连可能要解散，也有说我们工程连要调到六师去，就这样，我的心情越来越坏。这时候已经是 1978 年 1 月了，录取通知还没有下来，我已经对此不抱希望了，我要回家，我需要回家散散心，我只想尽快回到父母身边。尽管我 9 月份刚刚回过家，我还是申请享受 1978 年的探亲假。

在上一次回来才三个多月后，我又一次回家了，我希望躲在父母身边，医治我烦躁的心灵，我很后悔我没有抓住这最后一次可能改变人生道路的机会，下一步怎么办？我很茫然。

小年夜晚上，从我们家黑咕隆咚的楼梯上走来了我的一起去黑龙江的同学张燕玲和朱纹锦，她们赶来告诉我，方存忠来信说，我考取了，而且成绩是全管局第一。我当时真有点不敢相信，这怎么可能呢？初二，我接到了工程连打给我的电报，告诉我，我被华东师范大学录取了，让我赶紧回农场办离场手续，回上海去学校报到。

对于我们这个临时组成的高考复习小组来说，接踵而来的都是好消息：小孟考进了东北林学院，后来毕业时分配到北京林业出版社工作，小苏稍后也考进了上海的一所大学。当小孟要感谢我的帮助的时候，我对他说，我也要感谢你们，这不是客气，这是我的真心话。

大年初四，当人们还在家过年的时候，我坐上了去黑龙江的火车，列车在冰封的大地上向北方飞驰时，我的心情与回来时已经完全不一样了，新的生活道路正在我的面前展开，在这条新的道路上，我会遇到什么样的新问题呢？我不知道。十年的兵团生活结束了，这十年，在我的一生中会留下什么样的影响，我需要认真地思考。

然而那时候我并没有也不可能想到，我们整个国家很快将会发生一场翻天覆地的变化，我们所有的下乡知青的命运都会发生变化，生活在中国大地上的所有的人都面临着巨大的转折，一个历史的转折，而1977年高考恢复，仅仅是一个信号，更多更大的变革将汹涌而来，任何力量也无法将它们阻挡……

（以上内容摘自五十团知青网，2013年11月）

六、高考40年，追忆那些年经历的青春

树十年高木，育百年英才！不知不觉中，高考自1977年恢复以来，已走过整整40年。从20世纪80年代的"定向招生、定向分配"，到20世纪90年代的并轨、扩招政策出台，再到进入21世纪后的自主招生、统一考试、分省命题……高考制度几乎每年都在变。40年光阴，高考究竟发生了哪些变化，近日大河报发出征集后，有4位不同年代的"高考人"，向记者讲述了

他们当年的高考故事。一起来听听吧！

【故事一】

放下锄头、翻出旧书，考大学！

时间：1977年 人物：李先生

对于知识改变命运这句话，1977年参加高考的人最有体会。那一年，关闭了10年的高考考场再次开启，全国570余万考生冲出工厂和田地，重新拿起书本备考。

今年59岁的李先生就是当年570余万考生中的一个，过去了40年，如今他仍说，庆幸自己在一个尚未完全懂得世事的年纪，做了一个正确的选择。

李先生是新乡市原阳县人，1975年高中毕业，当时还是农村户口的他毫无悬念地过上了"日出而作，日落而息"的生活，"那个时候上大学靠推荐，名额少得可怜，高中毕业后，我就在家门口的生产队干农活。"李先生回忆。

1977年10月份，早已习惯"农夫"式生活的李先生偶尔听大人们念叨："听说国家要恢复高考了！"对此，他半信半疑，"对于好的变化，人们总是愿意相信，却又不敢相信。"直到有一天，他通过广播听到了恢复高考的新闻，他才真正相信"好事儿"真的来了。

考！李先生当即决定。当年，恢复高考的消息公布时距离考试只有一个月的时间，复习迫在眉睫。但两年多的学习"空窗期"使得许多学生的书本早已不知去向。于是，他和几个年龄相仿的朋友拼拼凑凑，相互借书复习。因为要挣工分，他白天下地干活，晚上复习至深夜。后来，母亲心疼儿子，便不再让他干农活，专心复习考试。"我们的学习环境没办法跟现在的孩子比，当时院子里养了几只鸡，总是跑到窗户底下叫，吵得我心烦意乱，'轰鸡'成为我每天的一项重要工作。现在想想，很有意思。"

一个月后，他参加高考。第二年春天便收到了当时鹤壁市师范学校大专部的录取通知书，学习数学专业。经过三年的学习，李先生毕业，被分配到当地，成为一名数学老师，随后又来到教育局工作，今年年底就要退休了。

"对于知识改变命运这句话，我们这一批大学生有着更深刻的理解。"

李先生说，他很感谢那个时代，给了自己改变命运的机会，同时也很庆幸，在一个尚未完全懂得世事的年纪，自己做了一个正确的选择。

【故事二】

真正"天之骄子"，好好考就能吃"商品粮"

时间：1983年人物：焦先生

焦先生，郑州某高校教授。

1983年8月，他从乡里取回河北农业大学录取通知书，全村人都赶着来看。闷热的宁晋县，知了的叫声比现在还喧嚣，大学生却比现在稀罕得多。一同长大的孩子里，焦先生是全村唯一的本科大学生。

"那时候，高考可是改变命运的大事，全家人都期待鲤鱼能跃过龙门"，焦先生回忆说，城乡二元经济时代，想要跨越农业户口与非农业户口间的鸿沟，高考几乎是唯一途径，考上大学就能成为"公家人"，吃的可就是"商品粮"。所以，大学生还有另外一个名字，"天之骄子"。

提起高考，焦先生说挺幸运。1982年，身为省级三好学生的他，幸运避开了最后一届预考，最终因成绩不理想选择复读，1983年，他考上大学。"1982年之前，通过预考才能参加高考。而预考试卷难度跟高考一样，发挥失常就会失去高考资格，不少同学因此与改变命运失之交臂。"

虽然1983年高考文理分科，但焦先生关于文理选择的记忆几乎为零。"不知道因为什么，那时候只有县高中才有文科班，乡高中只能学理科，大家按部就班，学校有啥课就上啥课"，焦先生说，农村孩子都是学理科的，高考落选后有人去参加复读补习班，才知道原来还有文科。

"等待查分的时候挺难熬，有些同学总是吓唬人，说你分数高或者分数低"，焦先生说，那一年，河北农业大学的录取通知书来得格外晚，好多同学都收到通知书的时候，他就骑着自行车，每天都去乡里的邮局问一问。"最后还是听别人说，通知书到了，就赶紧骑车去，心情激动得不得了。"

焦先生回忆说，跟现在各式各样录取通知书不一样，久久等待来的只是一个牛皮纸挂号信封，里面只有一张简单的纸。"上面写着录取通知书几个大字，谁谁被学校录取，几号报道，其他就什么都没有了"。但就是这张纸，让全家人一连几年都沉浸到它所带来的荣光里。

【故事三】农家学子心中，上大学是唯一出路

时间：1991年 人物：刘先生

至今，已在郑州工作多年的刘先生总是梦回高考时分。因为那个特殊的时刻，烙印进他的青春太深太深。

刘先生的家乡在信阳市商城县。1991年，19岁的刘先生迎来人生中第一次重要的"大考"——高考。"当时只觉得，农村孩子唯一的出路就是上大学。"刘先生说。

为备战高考，他和同学们常常凌晨5点多就起床读书。天未亮时大家先在教室里看书，等天亮了同学们就走出教室，河沟旁、大树下，全是学生苦读的身影。晚上10点宿舍熄灯，小伙伴们都拿着手电筒钻进被窝看书，怕被老师查房时发现。等到11点老师查房结束，大家就钻出被窝，点上煤油灯，20多人的大通铺上，每个人都在挑灯夜读，常常到次日凌晨一两点。让刘先生印象最深的是，煤油灯点的时间长了，常弄得一脸黑。

就在这样的节奏中，"黑色七月"很快来临。高考前一天上午8点，刘先生和小伙伴一起骑自行车赶了20多里的山路，来到商城县，高考考场在那里。学校已经为他们订好宾馆，为省一天的房费，学生们都是过了中午12点才住进宾馆。

高考那几天是怎么度过的，刘先生已记不清太多细节，高考作文具体写的什么他也已忘记，但刘先生仍清楚地记得，他的高考作文得了满分，语文120分满分他考了117分。不过，让他郁闷的是，数学考砸了。

那一年，刘先生报考的是郑州大学经济系，正是由于语文高分，被调剂到中文系，觉得"这是个好苗子"。

【故事四】文理分科，经历选择的纠结

时间：2004年 人物：高女士

"学了3年'3+X'，没想到下定决心复读后，突然通知要文理分科。"回忆起当年的高考，在洛阳从事旅游行业的高女士记忆犹新。复读前那一个暑

假，因为到底选文还是选理的纠结，加上对选择后未来何去何从的迷茫，她瘦了近10斤。

2001年，河南高考开始实行"3+X"，也就是大综合，文理不分科。就在该政策实行3年之后，2004年改成了文理分科。因为2003年高考落榜，准备复读的高女士正好撞上了这一调整。

"我老家是驻马店泌阳县古城村的，当时，农村孩子还是得靠考大学来改变命运。经历了落榜，本来心情就很沮丧，好不容易调整好状态决定复读，却不得不面对文理分科的改变。"高女士告诉记者，得知这个消息时，先是震惊、不敢相信，接着就是不知所措。

复读的这一年对高女士很重要，她必须考上大学，身上的压力可想而知。"虽然理科稍微差一些，但也不敢贸然就决定选文科。因为，当时文科的高考录取分数线相对较高。"高女士回忆说，整个暑假一直在纠结，头天晚上辗转反侧决定选文科，第二天一听到家人、同学的建议又改成了理科，就这样反复了很多次。因为这个事，还多次跑到村里的河边哭鼻子，甚至靠拼命干农活来逃避选择。

暑假结束，高女士找班主任商量多次后，还是选了理科。结果在理科班上了一个星期，高女士又变了主意。原因是做化学老师自己出的小试卷，满分60分，只能得30多分，错题怎么都做不对，化学老师也质疑："就你这水平，还选理科？"

结果，高女士还是学了文，虽然也经历了一段时间适应期，但在每天凌晨4点起、晚上11点后睡的努力下，最终如愿考上了大学。

回忆过往，高女士觉得那是她人生中第一次重大决定。"很纠结，是因为来得突然；很迷茫，是因为无法预知抉择之后的命运。"她说，不管怎样，那都是青春，是镌刻在心里一辈子的记忆。

（以上内容刊载于2016年6月13日《大河报》，记者：王迎节、谭萍、樊雪婧、牛洁）

第四节　恢复高考对改革开放和社会主义建设的巨大意义

可以说，1977 年高考制度的恢复，不仅是一个重大历史事件，还是整个教育乃至社会制度变迁最为关键的一个节点。就教育而言，它成为重建教育秩序的突破口，因为在当时整个凋敝的教育领域，高考是唯一能够在短时间内唤起民众认同，并引发整个教育领域秩序重新组织的关键性制度环节。就社会而言，它与其说是一个指挥棒，不如说是一个力挑千钧的杠杆，顷刻之间撬动了整个教育乃至社会其他领域的观念、制度变革和更新进程。它重新告诉人们，可以通过个人努力改变自己的命运。因为在此之前通行的原则是"唯成分论"，"红五类""黑五类"，个人的前途不掌握在自己手里，而是取决于你的父母、你的家庭背景。一个"不良"的家庭出身，就要注定你一生坎坷的命运。具体而言，其深远影响和重大意义主要表现在三个方面：

第一，在全社会形成尊重知识、尊重人才的良好风尚，"文化大革命"中泛滥的"读书无用论"从此彻底被消除。"知识就是力量""科学技术是第一生产力"的理念开始逐渐深入人心。

教育的目的是什么？是使每个人得到自由、充分的发展。但在当代中国，高考的本质远远超出了考试甚至是教育本身。改革开放近 40 年，我国教育事业发展主要表现在两个方面：一是实现了免费义务教育；二是实现了高等教育的大众化。

第二，重塑了社会公平、公正的价值观。"文化大革命"十年使人们的价值观发生了严重扭曲。高考之所以为人民群众高度认同，其中重要的原因之一，就是其使所有人都有机会站在同一起跑线上竞争。

高考之所以被社会和老百姓关注，一是在当今社会，高考依然是改变人们命运的重要途径。二是高考是通过实践反复证明的，迄今为止最为公平的一个选拔制度，高考分数作为主要的录取依据，具有相当的合理性。

第三，高考制度作为国家教育的一项基本制度，对于维护国家统一、促进民族团结和传承中华文化具有不可估量的重要作用。

2016 年 6 月，中国教育在线发布的《2016 年高招调查报告》称，根据适龄人口统计以及在校生存量分析，未来一个阶段，高考报名人数基本探底，保持较低水平，出现一个 L 形状态。

《2016 年高招调查报告》指出，全国高考报名人数在 2008 年达到历史最高峰 1050 万人之后急剧下降，直至 2014 年起开始止跌趋稳。根据教育部数据，2016 年全国高考报名人数为 940 万人，基本与 2014 年持平。

根据中国教育在线的分析，高考人数的下降，一个重要原因是学龄学生人口的下降。根据国家有关部门的人口统计数据，自 20 世纪 80 年代以来，全国人口出生率不断下降，新出生人口逐年减少，导致适龄高中生减少。中国的出生人口在 1990 年达到峰值，超过 2500 万人，此后，全国新生婴儿数量下降趋势一直持续到 2000 年，从 2001 年至 2014 年，新生儿数量进入一个平稳期，长期徘徊在每年 1600 万左右。

报告显示，从"近 9 年全国高考计划录取净增加人数"曲线图可以看出，从 2009 年开始，全国高考计划录取人数增幅开始下降，到了 2015 年，全国高考计划录取人数仅增加了 2 万人。

此外，生源外流现象继续加剧。报告指出，根据教育部最新公布的数据，2015 年我国出国留学人数达到了 52.37 万人，同比增加 6.39 万人，创历史新高。根据美国开放报告数据，2014—2015 年赴美读本科的中国留学生达到了 124552 人，较前一年增长 12.7%，且首次超过同期赴美读研究生的中国留学生数量。

专家表示，虽然我国高等教育 2015 年的毛入学率已达 40%，领先于很多国家，但我们有一半以上的本科学校办学历史不足 16 年，在质量提高上，还有很长的路要走。在专家看来，始终持续的生源危机尚未直接触及高校的"质量意识"，"千校一面"的现状还普遍存在，仅从专业看，很多地方高校之间没有任何区别。

作为一名 78 级毕业生，时任哈尔滨师范大学副校长的傅道彬在 10 年前，也就是中国恢复高考三十周年时发表了一篇感言，很具有代表性：

回顾三十年前参加高考的经历，让我们感慨万千。在我们今天纪念这一重要历史事件的时候，更体会到恢复高考对中国社会变革的历史意义和现代化建设的现实意义，认识到黑龙江省建设学习型知识型社会的特殊重要意义。

第一，恢复高考制度为中国的现代化建设聚集了一大批优秀的人才，推动了中国社会进步和现代化的进程。1977年高考制度的恢复是一次向现代化进军的组织动员，由于这个制度的恢复把当时中国一大批优秀的人才聚集在现代化的旗帜下，现在中国科学技术领域的精英人才许多都是那一阶段考入大学的。而随着高考制度的恢复，中国思想界和人文社会科学领域也取得了全面的进步，77级、78级的大学生是中国新时期思想启蒙的积极参与者。

第二，恢复高考制度强调了科学技术是第一生产力的理论观念，带动了中国教育事业的全面发展。高考制度是对推荐制的一种否定，标志着中国共产党在现代化建设中人才观的转变，蕴含着科学技术是第一生产力的基本观念，是尊重知识尊重人才的具体体现。中国的教育完成了从精英教育向大众教育的转变，取得了巨大的历史进步，其根本源于三十年前的高考制度的恢复。眼下对中国的高考制度有种种批评，我一直固执地认为高考不一定是最好的制度，却是最不坏的制度，从遴选人才的公平性上说，现在还看不出来有什么更好的制度能够替代高考。因此高考制度是一项需要改进却必须坚持的教育制度。

第三，恢复高考制度对于中国未来的发展有着深远的历史影响。这一制度的恢复是中国历史发生变革的关键举措，它改变的不仅仅是一代人的命运，而是中国的命运，是中国现代化进程的真正起点。在此带动下，形成了崇尚科学、崇尚知识、尊重人才的良好风气，这种风尚对于中国社会至今还产生着重要影响。这一制度所蕴含的尊重知识尊重人才的理念，对于我们黑龙江的社会进步和经济发展有着特殊重要意义。黑龙江人一向以豪放粗犷而著称，而面对这样的性格和民风，我们就应该更深切地认识到建立学习型知识型社会的真正意义，让我们的社会多几分精致，少几分粗鄙；多几分书卷气，少几分酒气。这些看来也许是民风问题，其实这对于构建和谐社会实现科学发展，对于黑龙江经济社会的全面振兴是具有特殊意义的。

第五节 高考的"特殊记忆"

从恢复高考后，每年高考的日期一般都定在 7 月初。那是一年中最为火热的三天，无数经历过那段日子的人绝不会忘记。从 2003 年开始，延续了 20 多年的 7 月高考把日期提前了一个月。而也就在那一年，一场突如其来的非典疫情席卷我国大部分省份。人们在与非典的抗争中迎来高考，成为那一年高考的"特殊记忆"。

我们可以看一下那年高考前新闻媒体是如何报道的：

突如其来的非典疫情，给全国普通高等院校招生统一考试带来了挑战

与往年相比，今年高考可说是改革力度非常大的一年：——考试时间提前了一个月；——考生人数创历年之最；——全国 22 所高校首次试行自主选拔录取方案；——高考体检标准改革……

这些因素对今年高考提出了更高的要求，也使高考各项工作的难度显著增加。一场突如其来的非典疫情，更是给今年全国普通高等院校招生统一考试带来了严重挑战。

组织管理工作最受影响

疫情究竟会给今年高考带来多大影响？哪些环节最容易受其干扰？教育部高校学生司有关负责人日前在接受记者采访时指出，考试期间各项考务工作的组织、管理首当其冲。

为加强高考期间非典的防治工作，教育部、卫生部不久前向各地联合下发了紧急通知。

从通知的内容来看，高考期间的防控非典工作主要集中在考务组织和管理上。通知要求要尽可能多地增设考点和考试教室，要调整考场内人员密度，要对所有考试场所进行彻底的卫生检查和消毒，要为一些特殊考生配备

备用考场，等等。该负责人说，综合各方面的情况来看，与往年相比，考务管理无论是工作量还是工作难度都比往年大了许多。

此外，高考评卷也面临防控非典的任务。今年全国近 600 万名考生参加高考，评卷量非常大。这些经过考生答卷、工作人员整理过的试卷，存在着被污染的可能。与此同时，试卷的运送及保密、阅卷现场的组织等，都会因非典疫情而增加难度。

高考的另一个环节——录取，受疫情影响较小：一方面是由于高考录取在时间上靠后，更主要的是因为今年全国所有省市区都将实现远程网上录取，最大限度地避免了由于录取期间人员集中而可能发生的感染。

困难不意味着退缩

有困难并不意味着推诿，更不意味着退缩。尽管疫情给高考各项工作带来严峻考验，但教育部及地方各级政府对今年特殊时期的高考高度重视，并切实落实各项措施，确保在防非典的同时顺利完成今年高考的各项工作。

为贯彻《国务院办公厅关于做好 2003 年全国普通高等学校招生工作的通知》和《教育部、卫生部关于加强 2003 年普通高校招生期间做好传染性非典型肺炎防治工作的紧急通知》的精神，在非典特殊时期，教育部组织各省级招办主任召开网上特别办公会，对高考期间各地加强非典防控工作提出了进一步的工作要求和指导意见。

目前教育部已收到 20 多个省、自治区、直辖市根据自身情况制定的《普通高校招生期间非典防治实施办法及紧急情况处理预案》，其余地区的具体方案也将于近日陆续出台。疫情较为严重的北京市决定在考试期间配备经过严格消毒的高考专用车，考生及考试人员凭相关证件即可免费乘坐；浙江省将为高考时仍处于医学观察期的考生每人单设一间考场；天津市招办向在疫情较严重省份借读、今年不得不在当地参加高考的天津考生郑重承诺，考试期间保证将高考试卷准时、安全地送达他们手中。

防非典带来考纪压力

高考期间的一些防非典措施，会不会给某些考试作弊行为带来便利条件？特殊时期的高考考风考纪引起了社会的极大关注。

"某些防非典措施，的确给考风考纪的管理和监察带来了新的问题。"教育部学生司负责人说，各级招生部门已经注意到这类问题，教育部也明确要求各地在抓好非典防治工作的同时，进一步严肃考风考纪，确保高考顺利进行。

据该负责人分析，各种非典防治措施对考风考纪造成的影响主要集中在以下几方面：首先，监考人员的素质和业务能力是保障高考考风考纪的重要因素，因而每年高考前所有监考人员都必须经过严格的业务培训后方可上岗。然而，今年增加考点、考场数量后，考务人员的数量也大幅增加，这样就给相关培训工作增加了难度和负担。以内蒙古为例，在增加了97个考点、近3000个考场后，考务人员一下子就增加了8700多人，培训和管理工作面临挑战。

其次，在防非典的同时，必须警惕个别考生借防非典之名，进行考试作弊。一些省市允许考生戴口罩参加考试，会加大对考生身份认证的难度，还有一些省市允许考生携带必要的防护用品进入考场，这时也必须防范个别考生借机实施作弊行为。

另外，在考试期间，监考人员还必须严密防范可能出现的各种突发事件。

这些隐患的存在，要求必须高度重视今年的考风考纪工作，重点加强对监考人员的培训，要让每一位监考人员熟悉、了解今年特殊时期高考考风考纪各项工作的特点，增强监考人员快速、正确应对各种突发事件的能力。

据了解，目前许多省市已经对高考期间可能出现的各种舞弊隐患，制定了具体的防范措施。如河南、广东等省要求考生考试在进场以及监考人员核对准考证时，必须摘下口罩配合检查。浙江省也要求考生必须配合监考人员对其携带进考场的防护用品进行检查，并且必须在不影响考务管理的前提下方可使用。

改革未受明显影响

今年是北大、清华等22所试点高校进行自主选拔录取的第一年。而在高考前对相关考生进行严格的面试，又是本次改革至关重要的一个环节。因此许多人不由地担心非典疫情会不会也影响到了改革的进程。

针对这一情况，这位负责人说，教育部对今年的自主选拔录取试点工作高度重视，曾多次召开会议，对改革进行全面安排、部署。此次参加试点的这22所高校严格按照教育部"录取办法公开、考核结果公开、录取结果公开"的有关要求，制定了详细的实施方案，目前这项改革正在顺利、平稳地进行。但他也指出，受非典疫情的影响，的确有部分院校的面试工作被迫暂停。

据介绍，这22所高校中，包括北大、清华等7所在京高校在内的大部分院校，在非典疫情大面积爆发前就已经完成了对考生的面试工作，产生的候选考生名单也已经在各校的招生网上进行了公布。从全国来看，自主选拔录取改革未受明显影响，只有少数试点院校由于原定面试时间是在4月底5月初，受疫情影响，不得不将面试工作暂时停滞下来。

对目前一些高校准备利用网络可视技术对考生进行网络面试的尝试，这位负责人表示赞同。

这位负责人最后表示，尽管今年高考受非典疫情影响，面临着一些新问题，发生了一些新变化，但是希望广大考生仍要调整好自己的心态，树立信心，争取在考试中考出自己最好水平。该负责人说，在教育部和各级地方政府的精心组织、周密安排下，在广大考生和家长的配合和支持下，非典时期的这场高考战役一定能取得胜利。

个人的回忆更有温度。一位网名"简书"的网友2016年在搜狐平台上曾经发表过一篇《那年非典，那年高考》的文章，回忆他那年高考的经历：

6月7日，起床拉开窗帘，发现外面竟下起了雨。在天津这样干燥的城市，雨是很少见的，今年也不例外，看着窗外的雨，已想不起上次下雨是什么时候。忽然想到今天高考，心里不禁一乐，十几年过去了，传说竟还能应验。记得自己高中那会，有一个传说，那就是"每年高考都下雨"。那些年，每年一到高考日，雨真的就会下起来，也是神奇。

我是2003年参加高考，就是从那年开始，高考由每年的7月份提前到持续至今的6月份。简单一算，我的高考距离今年已经整整13年，这个数字还是惊了我一下，不由感慨，时间都去哪儿了。

13年前的事，看似很遥远，但又觉得很近。想来有两方面原因，一是高考对于任何一个经历过它的年轻人来说都意义重大，二是我们刚步入高三不久，"非典"来了。

2002 年底，非典先是在港粤两地发现疫情，2003 年，疫情便在全国蔓延，尤以北京为烈，紧邻北京的天津所受的影响自然也很严重。那时候还没有智能手机，也没有 APP 和朋友圈，报纸是每家每户都必读的刊物。每天打开报纸，第一眼先看今天北京感染几例，死亡几例，天津感染几例，死亡几例……大人之间，学生之间，见面讨论的话题，便是听说某某医院感染了几个人，某某医院又死了一个人，最近死的那个人是做什么的……死亡，就这样被每天换着花样地讨论着，讨论得多了，就觉得刚死的非典感染患者离你很近很近，毕竟一起起的死亡病例就发生在你所熟悉的城市。

恐慌的气氛越来越浓。

口罩成了大多数人的必需品，金银花板蓝根供不应求，体温计也成了大家每日必用品。那时候，流行一个词，叫"隔离"。一旦发现非典感染患者、疑似感染患者或者与感染患者有接触的人，都需要立即隔离。已经感染的患者会被隔离在医院里，疑似患者往往也被隔离在医院里，与患者接触过的人，一般被隔离在自己家里，禁止他们外出，以避免可能会继续传染更多的人。

高考是大事，但比起非典，还是小巫见大巫了。

老师在面对每天都有非典患者死亡的新闻时，可能觉得人活着还是健康最重要，对我们进行的思想教育竟比高一高二还要少些，在学校的学习时间更是大幅减少了。

原本我们高一高二还有晚自习，但到了高三下半年居然每天下午 4 点就下课。下课后全班同学给教室做大扫除，先把地扫干净，桌子擦干净，然后班主任带着大家把稀释好的一大桶消毒水往地上倒，倒完一桶再倒一桶，总觉得这水只有用得够多，才能把"非典"病毒扼杀掉。

校园是人群活动非常密集的地方，也是"非典"病毒重点预防对象。所以除了每天的大扫除，学校还有个硬性规定，学生每天从家出门前都要量一下自己的体温，填一个当日体温记录表，体温正常才能去学校，到学校像交作业一样，把体温表教给班委。学校对疑似感染或者可能会感染"非典"病毒的学生非常警觉，毕竟学校人太多，一人感染就意味着很快有更多人感染。

那时候我很怕发烧，并不是担心发烧可能代表是感染了"非典"病毒，而是因为，在"非典"期间发烧不立即好起来，就意味着你要被隔离一个月，这对于一个正在紧张备考的高三学生来说是万万烧不起的。可是，人往往越怕什么就越来什么，在距离高考还有2个月时，我真的发烧了。

某天晚上我感觉很不舒服，一量体温38度多，瞬间我全家人都傻了。拿着体温表，我一下子想到很多可能。会不会真的感染非典了？如果真的是这样，那岂不是也将家人传染了？这太可怕了。还有被隔离该怎么办？高考怎么办？然后我给自己压惊，觉得自己不可能那么倒霉，虽然每天都有报道有新增感染病例，但毕竟还是小概率啊。这么一想，不知哪来的自信，心里开始淡定了。我爸也念念叨叨安慰我，没事没事，就是发个烧，别瞎想。然后让我妈把浴缸清洗干净，放满够热的水，让我泡澡出汗。刚泡进浴缸，又开始心里活动。如果明天早上不退烧怎么办，不退烧肯定不能去学校了，那怎么跟学校请假呢？说自己发烧了？那学校肯定会让我在家隔离一个月，落下这一个月的课，我高考怎么办？可是我也不能编别的请假理由啊，这个节骨眼上，发烧这么大的事，怎么能瞒着学校啊。

正想得纠结，爸在洗手间门外问我感觉怎么样了？出汗了没有？我说出汗了，他就说出汗了就好，多泡会，水凉了就放新的，始终保持水温够热。我说好。然后没过几分钟，妈又问，我又答。被爸妈这么不停问着，我倒没工夫胡思乱想了，也不记得自己具体泡澡多长时间，应该是挺长的，要不爸妈怎么有时间把一个问题能轮着重复问好几遍呢。

泡完澡，爸妈让我赶紧躺在床上，然后给我盖了厚厚的两床被，又让我吃了片退烧药。刚躺一会，妈又给我量体温，居然降了一些，爸妈很兴奋。又过了一两个小时，再次量体温，居然再次降了一些。总算稍微松了口气，爸说，明天一早就会退烧，什么事都没有，别担心。被爸安慰着，我睡着了。

第二天一睁眼，头脑清醒，一点头疼的感觉都没有了。赶紧量体温，完全正常。

总算可以安心去上课了。

那时候我才明白，尽管平时我多么不喜欢学习，多么痛恨高考，但面对马上到来的6月7号，我竟那么珍惜这最后的上课时间。

这事过了几天，爸才说，我这次发烧真的把他吓坏了，那天晚上他整个神经都挺紧绷的。我想，那天他不断对我的安慰，更是对他自己的安慰。

那时候，很多奋战在"非典"救援一线的大夫感染了病毒。我们班有个男生母亲是天津武警医院的大夫，他座位就在我前面。那个医院有大夫感染了"非典"病毒，第二天一早这个新闻很快就在市民间传播开，那个医院的大部分大夫都被隔离了。那个男同学倒还淡定，扭头跟我和同桌说这事，说他爸妈都被隔离了，就他没被隔离。正说着，突然有同学喊他，说老师找他。然后他走出了教室，我和同桌再次见到他，居然是高考后。原来老师喊他出去是通知他，他一个月内都不能来学校，观察没任何症状才能继续来学校。被他这么念叨着，他也被隔离了。

那一刻，我心里不停感激上天对我的呵护，让我只睡了一夜就完全退烧了。

那同学被隔离将近一个月，以为马上能回学校继续上课了，结果学校突然通知，全校停课，具体停到什么时候不详，大概是要等到"非典"抗战结束。距离高考大概只有一个月，学校却停课了，看来，为了"非典"，也是拼了。

适应了集体学习，时间被学校安排的我，回家后自习很不适应。每天早上常是给自己定了一个完美的学习计划，但不知道怎么回事，效率很低，到晚上发现自己也就完成了任务的一半。然后心里焦虑，烦躁，甚至轻蔑自己。发誓第二天一定要改正，要全额完成任务，结果第二天情况更糟糕，然后心情更糟糕。就这样周而复始，不知不觉一个月就过去了，我感觉那一个月很快又很漫长，就是在不停给自己打鸡血又不停焦虑烦躁中度过的，而真正花在学习的时间真的很有限。

前阵子读《自控力》这本书，才明白当一个人越是为自己完不成的任务沮丧，批评指责自己，反而会令自己更加失去自控力。高考倒计时的那个月，我就是那么过来的，整个就是焦虑着熬过来的。

不管多么焦虑担忧，高考该来还是会来。庆幸的是，高考到来之际，非典疫情已得到了较有效的控制。

6月6日晚上，我因一个月的糟糕表现继续责怪自己，预感这次高考肯定失利而焦虑得一夜没睡好。6月7日晚，我妈担心我又失眠，让我吃了一片安眠药，那是我人生第一次吃安眠药，果然睡得很香，甚至第二天早上也不想醒来。

两天的考试很快结束，同学们之间开始讨论这次高考试题，大家纷纷表示，这次高考的考卷实在太难了。这也确实属实，2003年天津高考的本科分数线居然是403分，比往届一下子降低几十分。因为大家要按自己预估的分数填写报考学校志愿，很多原本成绩不错的同学都以为自己估分太低，报了不太满意的大学，最后发现很多名校那年的分数线却比往年低很多，而有些平时成绩不那么理想的同学却上了名校。

我虽不是平时成绩特别好的同学，也未能像某些幸运的同学上了名校。我的高考成绩比平时水平低了很多，爸妈认为我那两天一晚失眠一晚又睡过了头，影响了发挥，而我觉得，这是自己在家待一个月的焦虑和懒怠所带来的退步。

无论是怎样的原因，未能上理想的大学，一直是我心中的遗憾。大学毕业后进入社会打拼，也明白了在职场打拼工作能力和情商远比名校符号重要的多，但心中这个遗憾仍旧难以抚平。直到3年前，我决定考研，总算考上了我读高中梦想了三年的大学，虽然是研究生，虽然迟了很多年，但这个遗憾总算了却了。

以上就是我对自己高考的回忆，不过也只能说是部分印象最深刻地回忆，其实如果认真全部回忆起来，恐怕是能写本书的。

想想高考那年的"非典"，我国政府对抗击"非典"采取的种种近乎苛刻的措施是真的很有必要，在面对人民生命健康问题上，一切都可以不那么重要，包括高考。如果政府处理力度不够严苛，"非典"病毒可能带来的风险恐怕比我们想象得还要可怕。

再想想高考，虽然这种考试很残酷，但我觉得有幸经历一次是非常可贵的。而高考后的多年，我也发现，其实高考成绩真的不能代表什么，因为这个社会很宽容，你曾经错过的，只要你心中不放弃，只要你肯努力，早晚你还会得到。

第二章
从"千军万马过独木桥"走来

　　高考有多重要？往大了说，它事关人才的选拔、国家的发展和社会的稳定；往小了说，它事关几乎每个家庭和个人的命运。

　　1997年恢复高考20周年的时候，《人民日报》《中国教育报》就纪念恢复高考开展征文活动。《人民日报》刊登了一篇名为《伟大的转折》的综述，文中说：征文"仿佛将千百万人记忆的闸门一下子打开了，来稿像潮水一般涌进编辑部，那流溢在字里行间的真情让我们不忍释手，那感人心魄的一幕幕历史场景，仿佛又来到了眼前。"

　　"'真是绝处逢生''整整一代人得救了''感谢邓小平'，许多来稿的作者在叙述当时听到'恢复高考'的激动心情时，都不约而同地用了这些词句。"

　　"无论是当时考上的，还是落榜的，都对恢复高考唱出发自肺腑的赞歌"……

　　综述最后引用一位教育家的话作为结尾："任何有希望的民族都高度重视教育，恢复高考，挽救了我们的民族和国家。"

第一节 "惨烈"? 那时的高考何其难?

1977, 高考回来了!

1977 年, 中国人的生活中出现了一件大事——停顿 10 年的高考恢复。这一事件被称为无数人命运的拐点, 重新推动了这个国家和民族的发展。

"今年就恢复高考"的消息迅速传播开来。当时, 无数正为未来而迷茫的青年欢呼雀跃、奔走相告。"你参加高考吗?"成为很多知识青年见面的问候语。

1977 年 10 月 12 日, 国务院批转了教育部根据邓小平指示制定的《关于 1977 年高等学校招生工作的意见》。文件规定: 废除推荐制度, 恢复文化考试, 择优录取。高考正式从制度上得到恢复。

过去, 高校招生原来是"从有实践经验的工人、农民中选拔学生"。恢复高考后改为: (1) 上山下乡和回乡知识青年、应届高中毕业生都可以报名; (2) 具有高中毕业的文化程度才可以报名, 而且必须通过大学入学考试; (3) 政治审查主要看本人表现, 破除唯"成分论"; (4) 德智体全面考核, 择优录取。自由报考让文化基础好而"成分"不好的知识青年看到了翻身的机会。

一切按照邓小平的指示在加快进行, 当然中间也出了一点小插曲。积压了 11 年的考生一起拥进考场, 这对整个考试的组织和准备都提出了不小的挑战。比如印考卷的纸张从哪里来, 经费如何解决? 这些在现在看起来能轻易解决的问题, 在当时可是大难题。那时全国上下所有的物资都要凭票供应, 哪有额外的安排去应付这么大一场考试, 而且时间又非常紧。问题很快上到了中央政治局会议进行讨论。讨论的结果是, 中央决定关于参加考试的经费问题就不要增加群众负担了, 每个考生收 5 毛钱即可, 其余全部经费由国家负担；印考卷没有纸，就先借调用印《毛泽东选集》第5卷的纸印高考试卷！

1977年12月11日—13日，全国570万考生从山村、渔乡、牧场、工厂、矿山、营房、课堂奔赴考场。一个可以通过公平考试竞争改变自己命运的时代又回来了！

一场"空前绝后"的考试

1977年10月21日，恢复高考的消息正式公布。"平地起惊雷"，千千万万中国青年仿佛听见耳边有一个声音在召唤：醒来吧！从此，你的命运不再操决于他人，不再需要"根正苗红"的出身，你将掌握自己的命运！

那一年的秋冬，整个中国都处在一种兴奋莫名的情绪之中。许多家庭都有成员准备参加高考，有的还不止一个。所有人都在谈论恢复高考这件事，整个社会的神经都被高考所牵动。

江苏"老三届"（指1966、1967、1968年的初高中毕业生）姜启时在若干年后回忆说，恢复高考这个消息，相当于前头突然冒出火光，被禁锢了10年的思想，露出了曙光。

不过，许多人并不清楚相比"文革"十年，高考被中断了不止十年，而是十一年。1966年高等学校就停止招生，1972年"恢复"为所谓的"自愿报名、群众推荐、领导批准、学校复审"的招生办法。但实践中，"自愿报名"只是幌子，"地、富、反、坏、右"的"黑五类"子女当然没有报名资格，即使有报名资格的"可以教育好的子女"也是"基层不敢送，领导不敢批，学校不敢收"。初中或高中毕业生只能"上山下乡"，"接受贫下中农再教育"，或者回乡务农。少数有"门子""关系"硬的，或被推荐"保送"上学，成为"工农兵学员"，或进入解放军"大学校"，或招工成为"领导阶级"，弄虚作假、指名选送、授意录取、私留私送名额等各种丑态纷纷粉墨登场。一般人根本不可能有通过复习考试凭学习成绩进入大学校门的机会。

长时间的中断也意味着，77年的高考是从66届到77届12个年级的学生一起竞争，再加上当时允许部分78届优秀高中生提前参加高考，实际上

77 年有 13 个年级的人才一同走入考场。

这样的考试在整个人类史上都可以说是最特别、最壮观的，用"空前绝后"来形容毫不夸张。考生们来自五湖四海，经历五花八门，年龄差距大，不仅有许多兄弟、姐妹、师生同赴考场，还有叔侄同考、夫妻同考的现象。

当时 29 岁的姜启时和 16 岁的妹妹就一同走进了考场。姜启时已经结婚，有个 5 岁的儿子和 3 岁的女儿，妹妹则是 77 年的应届高中毕业生。"这个高考制度给青年人的机会都是均等的，而不是看你出身怎么样，恢复高考给每一个人一个平等竞争的权利，一下子让我们看到了希望，我兄妹二人就先后报名参加了。"姜启时说。

在《1977 年高考：一次空前的招生考试》一文中，厦门大学教授刘海峰这样描写当时全国上下备考的场景——

"1977 年的冬天无疑是中国教育史的春天。从 1977 年 10 月 21 日正式宣布恢复高考，到 12 月中旬真正进行高考，所有准备高考的考生和家长都有种兴奋莫名的情绪，许多家庭都有两个以上的子女准备同时参加高考，全民都在议论恢复高考这件事，整个社会的神经都被高考所牵动。每个中学都为自己的各届毕业生辅导备考，每一场辅导课都挤满了听众，每一个精于辅导的老师都十分受人尊敬，每一个善于答题（尤其是数学题）的备考者都受到人们的钦佩。大家都有一种兴奋、好奇、期待、憧憬的心理。经历过 11 年的中断，谁都不知道真正的高考会是什么样。虽然大家明白各高校招生人数不多，但没有人知道确切的招生数字，谁都觉得自己有可能考上，谁都觉得自己不见得考得上。当时绝大多数人确实都是抱着'一颗红心，两种准备'的心情进入考场的。"

一个例子很能说明当时人们对参加高考的急切心情。当时大多数知识青年都在农村和农场上山下乡当农民，一套《数理化自学丛书》成为那些要参加高考的知识青年的抢手货。

抢手到了什么程度呢？为了能早日得到这套丛书，全国各地新华书店门口都出现了全家出动连夜排队抢购的壮观场面。有的人拿着小板凳，因为人实在是太多了，不少人都是半夜里来排队。有的甚至全家出动，就为了能多买几套，寄给远在外地的亲人。印刷厂也是日夜赶印，但仍供不应求。据《上海出版志》记载，这套《数理化自学丛书》共发行了7395万册，堪称中国出版史上的一个奇迹。

现为山东省机关干部的刘相是570万考生中的一员。与当时大多数同龄人一样，他1975年夏天高中毕业后，只能回到农村，先是开了一年多拖拉机，又干了一年民办教师。刘相说："国家恢复高考的消息，我是从广播喇叭里听到的。由于当时自己教好几门课，当好几个班的班主任，又不好意思请假，只好白天在学校里忙于教学等事务，晚上就点上煤油灯复习几个小时，早上又带着满鼻孔的烟味上课去了。"

在姜启时所在的江苏省海门市某镇国强公社，高考辅导只能在公社大礼堂进行。由于白天"抓革命，促生产"，辅导往往安排在晚上，几百人的大课堂，老师讲，考生洗耳恭听，认真做着笔记，十分虔诚。姜启时说，当时学习气氛特别好，静得连一枝铅笔落在地上都能听到声音。恢复高考这一决策激活了整个社会，使人们的生活方式为之一变，当时，读书的身影随处可见，书店的长龙司空见惯。

后来成为一名电影导演的白羽也经历了坎坷的高考路。1970年，白羽毕业于北京市的一所中学，由于父亲是北京电影学院的教师，白羽从小就梦想成为一名影视工作者。但"文革"期间，大学的推荐入学制度使白羽失去了进入高等艺术院校继续深造的机会。

白羽被分配做小学教师参加培训的时候，曾经起草了一个呼吁书，有上百名同学联合签名，写的就是我要读书，要继续上学，后来这件事被作为一个错误，作为一个过失受到了批评，而且被记入档案。

在1977年冬季那场影响许多人终生的高考中，白羽抓住了这个千载难逢的机会，如愿以偿地考上了当时的北京广播学院。大学毕业后，白羽被分配进了北京电影制片厂做了一名专职电影导演。是1977年的高考实现了白羽的人生理想。

他的感叹代表了那个时代很多人的心声："1977年的高考对于我，还有我这个年龄同时代的人，都是一个巨大的转折，我们从此可以选择自己的发展前途，自己的命运，还有自己的事业和职业。"

空前激烈的竞争

2009 年，一部由江海洋执导，孙海英、王学兵等演员主演的电影《高考，1977》上映，勾起了无数人对那场考试的回忆。

片中，恢复高考的消息传来，搅动了东北某农场三分场"死水"一样的生活。那些看似习惯了"战天斗地"的知青们，表面上看起来已经向生活屈服，其实在内心里却一直期盼着一个改变命运的可能。当推荐上大学从制度上成为历史，当机遇的大门不再是一张薄而沉重的推荐表，传言、迟疑、猜测、激动……每个急于改变命运的知青内心像打开了一个阀门，希望希望希望，如积累的火山开始滚动起他们的岩浆。

那一年，是高考唯一一次冬天开考。对于 570 万考生们来说，庆幸自己终于赶上好时代，涌动着无穷热情的同时，也不得不担心冬天"寒风"的冷冽：当年的大学生名额只有 27.3 万个。也就是说，录取率只有 4.8%，是高考史上竞争最为残酷的一次。

忆起当时残酷的竞争，刘相说："我所在的山东省那个小县城当时有 90 多万人口，通过大中专初选的仅 56 人，最终过了成绩、政审、体检关进入校门的还不到 50 人。"

由于报名人数太多，姜启时所在的江苏省采取先预考，经过筛选后再高考的方式。他所在的国强公社就有 600 多考生参加预考，然而只有 60 个考生通过预考，参加年底的正式高考，高考后被录取的只有 6 人。"当时我兄妹二人都被录取，一时在乡邻中传为佳话。"

由于十年"文革"的耽误，一个家庭出一个大学生都很了不起，像姜家这样"一门两状元"的更是少见的传奇。据统计，1977 年，全国共有 573 万多人报名参加考试，另据 14 个省、区、市统计，"应届高中毕业生占 26.72%，工人占 9.38%，下乡知青占 16.19%，回乡知青占 35.33%，干部占 2.5%"。由于"文革"的破坏，尽管命题属于常识性的，各地考试成绩仍然低得惊人。据广西壮族自治区百色市统计，"参加数学考试的有 3459 人，60 分以上的仅 22 人，占 0.64%；零分的达 1254 人，占 36.25%。参加理、化考试的有 1788 人，60 分以上的仅 54 人，占 3.02%；零分的达 301 人，占 16.83%。文科考生，政治、语文、数学、史地四科平均 60 分以上的仅占 1.47%"[①]。

尽管如此，面对"一朝跃龙门"的可能，人们对高考的热度丝毫不减。1978 年夏季，考生人数达到了 610 万人。当年春天，按照中央部署，对 1977 年高考工作进行总结，检查、纠正没有严格按照中央精神，落实"重在表现"政策不够的极左偏差，对各地上诉、信访反映的问题进行政策细化，再次强调"尊重知识，选拔人才"的重要意义，要求尽可能选拔出合格的大学新生。各地政府要认真总结 1977 年高考工作。1978 年的高考政策就做得很好，在报考资格上规定，凡是 66 届高中毕业生，不论年龄，都给予一次高考机会。因此，这一届的考生人数创下了新高。

不过，录取比率依然相当低。有统计显示，1979—1982 年四年间的高中毕业生分别有 726 万、616 万、486 万、310 万，而高校的招生量只有 27-31 万。

现任新东方教育科技集团董事长的俞敏洪就曾在 1978 年和 1979 年两次参加高考，两次都名落孙山。好在他并没有放弃，坚信"不断面对失败的人，成功的机会比普通人多得多"，终于在 1980 年又一次参考，考取北京大学。

---

① 杨学为，《中国考试通史》（卷五）。北京：首都师范大学出版社，2004：118.

第二节 对"片面追求升学率"的反思

"我想唱歌可不敢唱 / 小声哼哼还得东张西望 / 高三了，还有闲情唱 / 妈妈听了准会这么讲 / 高三成天都闷声不响 / 难道这样才是考大学的模样 / 我这压抑的心情多悲伤 / 凭这怎么能把大学考上 / 生活需要七色阳光 / 年轻人就爱放声歌唱 / 妈妈妈妈呀你可知道 / 锁上链了的嗓了多么痒 / 我想唱歌可不能唱 / 还有许多复习题还没作 / 努力吧准备考重点 / 老师每天都要这么说 / 时时刻刻的攻克书本 / 这样下去就像书呆子一样 / 这种烦闷的生活多枯燥 / 年轻人就该放声歌唱 / 老师老师呀你要想想 / 难道你过去就是这么样 ……"

这首歌，唱出了一位高三学生的苦恼。背后，说的是高考带来的纷纷扰扰。

升学率、升学率，还是升学率

在中国，判断一所中学好不好，表面说起来是看师资力量是否雄厚，学生素质是否扎实和学校文化底蕴是否深厚，然而深究背后，众多评价标准之上还有一条最高的"标准"——高考升学率。有多少学生能够进入大学，特别是好大学，才是能否成为好学校必须要面对的考题。

升学率，一直是高考绕不过去的一道坎。

早在 1963 年，教育部就提出要克服"片面追求升学率"。其背后的直接原因是 20 世纪 60 年代初，我国遭遇较严重的经济困难，再加上大批新中国成立后接受教育的学生高中毕业。1961 年高考升学率（高等学校招生数 / 高中毕业生数）为 44.5%，次年就大幅下降到 24.2%[①]。与此同时，

---

① 杨学为，《"片面追求升学率"对高考的启示》.《考试研究》，2006 年 1 月，第 2 卷第 1 期。

中国人口快速增加。1950 年是 5.52 亿，1957 年增至 6.47 亿，短短 7 年间净增近一亿，成为新中国成立后人口增长的第一个高峰。60 年代后，这些孩子逐渐进入参加高考的年龄。然而，1966 年，高考被废除了。

"文革"十年，中国人口继续急速增长，从 1965 年至 1973 年 9 年间增长了 1.7 亿，1974 年突破 9 亿，1982 年人口更是突破 10 亿，用"人口爆炸"来形容毫不过分。此间出生的孩子也逐渐进入高考年龄。人口大幅增加，"文革"对教育的破坏造成 1977 年恢复高考时考生人数达到 570 万（比 1952 年至 1956 年考生数之和还多 188.3 万），1978 年更是达到 610 万，而升学率则是达到新中国成立以来的最低水平。当时，大批渴望通过高等教育改变命运的青年参加高考，然而报考人数和录取人数之间悬殊巨大，给考生家庭和学校教育带来了极大的压力，对升学率的关注日益高涨。

尽管最早提出克服"片面追求升学率"是 20 世纪 60 年代，但这一现象真正越演越烈却是在恢复高考以后。统计显示，相比于新中国成立初年高考的录取率，恢复高考后的录取率大大降低。1952 年—1965 年，全国共录取新生 213.95 万人，平均每年为 15.28 万，平均录取率为 55.92%，而 1977 年—1982 年录取新生总数为 182.44 万人，平均每年为 30.4 万，平均录取率为 6.05%。"文革"前的录取率是 1977 年—1982 年录取率的 9 倍多[①]。

此后，高考录取率保持缓慢上升，但一直到 20 世纪 90 年代初，录取率基本都保持在 30% 以下。

---

① 杨学为，《中国高考史述论（1949—1999）》。武汉：湖北人民出版社，2007：207—211.

全国 1977 年—1992 年参加高考人数和录取率

时间（年）	参加高考人数（万人）	录取人数（万人）	录取率（%）
1977	570	27	5%
1978	610	40.2	7%
1979	468	28	6%
1980	333	28	8%
1981	259	28	11%
1982	187	32	17%
1983	167	39	23%
1984	164	48	29%
1985	176	62	35%
1986	191	57	30%
1987	228	62	27%
1988	272	67	25%
1989	266	60	23%
1990	283	61	22%
1991	296	62	21%
1992	303	75	25%

　　不过，真实的录取率比上表的统计还要低。20 世纪 80 年代，为缓解高考阅卷、录取的压力，我国开始实行高考预考制度。1980 年，经全国高等学校招生工作会议讨论和国务院批准，教育部规定"考生多的省、市、自治区应在统考前进行预选"，按计划招生数的三至五倍，选出成绩优秀的学生参加统考。当年确定四川、湖南、湖北、山西等省进行预选试点。预考试题由各省自主命题。

　　这一制度在 20 个世纪 80 年代的高中生心中留下了难以磨灭的痕迹。有人通过预考而更有信心面对下面的高考，但是却有更多的人因为预考失利而失去了参加高考的机会，被挡在了大学门外，成为一生的遗憾。每年 5 月，想参加当年高考的考生，必须先报名参加预选考试，未达到预考分数线的考生将"无缘"高考，提前"出局"。预选制后，大约只有 40% 的学生有资格参加高考。

1980 年刚刚实行高考预考制度时，赵明是乌市第二钢铁厂子校的应届高中毕业生。他回忆说，由于自己在班里的成绩也就是中等水平，预考后被刷下来了，当时觉得自己很倒霉，刚恢复高考才没几年，许多水平不如自己的人都参加高考，然而轮到自己时却需要先选拔才能参加，平白多了一道坎。

据他回忆，当时他所在的年级一共 4 个班，全年级 160 多人，没有分文科理科。预考时主要是考语文、数学、物理、化学和政治，虽然也在学外语，但是在预考时并没有考。

"班里 40 多名同学，至少有一小半都没有过预考关，其中还有几个尖子生。"赵明说。他记得，预选结果公布后，几名女生当时就哭了。

预考失败后，赵明没有了参加高考的机会，便接替父亲成为一名模具工人。直到 1986 年，他通过成人高考考上了新疆师范大学中文系，才最终圆了自己的大学梦。

赵明仍然是幸运的，那些年，不知有多少人因为没有高考机会而彻底失去了接受高等教育的可能。按照教育部规定，有资格参加高考的人数是录取人数的三到五倍。也就是说，假如一个省有 10 万考生，高校计划招收1 万人，那么有资格参加高考的最多 5 万人，剩下的 5 万在预考就被淘汰了。残酷的现实让考生之间的竞争更加激烈。只有少部分重点中学是免预选的，因为学生成绩比较好，肯定能过，而许多一般中学、成绩中下的考生就没那么幸运，一些学校就给一个班几个高考名额，尽管有四五十个学生想高考。

一次大考变成了两次大考，学生的压力可想而知。1981 年《人民日报》转载了一篇文章：《羊肠小道上的竞争叫人透不过气来——来自中学生的呼声》，很能说明当时学生的心声。

记者问学生："你感到精神上最大的负担是什么？"学生说："最怕的是过不了高考这一关，我们就像在羊肠小道上赛跑，谁都想跑到终点，但随时都有被挤掉的危险。""学校把有经验的老师集中到几个快班，一摞一摞的复习资料，纯粹是填鸭，催肥，死记硬背的东西太多。""有个同学得了七十分，他爸爸知道后，不问青红皂白，跑到学生宿舍，当着同学们的面就给了他一巴掌，责骂道：有人得 90 分，你就不能得 70 分。"

可以说，中国的困难并不在于高考存在竞争，而是这种竞争过于激烈。过于激烈的高考竞争是"片追"的社会根源，而没有"切实有效的解决方案或思路"，又促使"片追"愈演愈烈。

基础教育的扭曲

那时候，接受过中学教育的适龄青年，只有很少部分能够跨入大学校门。可以说，大学教育基本上属于"精英教育"。要想进入大学，就得紧盯着高考。面对"一考定终身"，"片面追求升学率"也是没有办法的办法。

这样的"指挥棒"之下，带来的是人们对基础教育会否因此扭曲的担心。

为了提高升学率，扩大学校知名度，中学不停地考学生，增加负担，试想如果升学率低，家长怎么会放心把孩子送到这来呢？没有学生，学校就办不下去。竞争不仅在学生之间，还在学校之间，家长之间，互相攀比，不能禁止。著名中学的标准就是升学率。那些年，是黄冈中学最辉煌的时代。

20世纪八九十年代，位于湖北黄冈的黄冈中学高考一直保持98%以上的升学率和75%左右的重点大学录取率，60余次夺得省、市文理科状元，先后有700多名学生保送至北大、清华等著名大学深造；参加各类中学生学科竞赛，有3000多人次获国家级奖励，200多人进入全国冬令营，100多人入选国家集训队，先后有15名学生在国际数、理、化奥林匹克竞赛中获得18枚奖牌，从而被誉为高中教育"神话""中国第一中"。对于20世纪70年代和80年代的人来说，用"黄冈密卷"备考高考是他们共回的记忆。

既然是"神话"，一定有传说。一直以来，有一个关于黄冈中学的传说：早年黄冈农村学生居多，新生入学时，班主任一手拿着皮鞋，一手拿着草鞋说："好好读书，将来穿皮鞋；不好好读书，将来穿草鞋！"

这种"现场实物教育"后来被演化为所谓的"皮鞋与草鞋效应"。还传说，为了使同学们每日都能感受到"皮鞋与草鞋效应"的积极影响，学校还在校门口的醒目位置上各挂上一双皮鞋与草鞋。

传说是真是假并不重要，重要的是黄冈中学傲人的升学率。每年高考发榜之后，黄冈中学所在的这个湖北小城就迎来了餐饮业的"黄金季"。家长们在各种档次的酒家里置办一桌又一桌的"庆功宴"和"谢师宴",到处都贴着"热烈祝贺某某某金榜题名"的红纸金字大牌子,黄冈中学的实力可见一斑。

走进黄冈中学的校门,也确实可以感受到这间中学的"牛气":橱窗里贴着国家领导人的题词和历届国际奥林匹克学科竞赛获奖者的照片,还有许多毕业生的名字和考取的学校,北大、清华等名校赫然在列。这样的展示引来了各地家长的趋之若鹜。

"黄冈现象"引起了媒体的关注。在南方周末一篇名为《黄冈中学"神话"背后》的文章中,作者提出了这样一个问题:"黄冈市不过是位于大别山南麓的一个地级市,这为黄冈的成功制造了神秘感——一个经济并不发达的地区,一个师资条件较为普通的学校,凭什么创造出这样的奇迹?"

答案呢?这篇文章的作者认为原来是"应试教育搞得好"。

单凭一篇文章当然不能做为评判一所学校的依据,但是它也折射出社会上看待黄冈中学的一种观点:黄冈中学就是应试教育的代表。这样的模式到底怎么样,是否值得推广,对培育建设社会主义的人才是否真的适合?社会在争议甚至质疑着这所名校。

一条来自黄冈校友的贴子曾将黄冈中学一度置于风口浪尖。这位推断起来应当是1988年从黄冈中学毕业,网名叫"西门吹雪"的网友在网上发布了一篇题为《黄冈中学:我的地狱生活》的文章。文中这样写到:

"我肯定你爱你的孩子,你于是把他送进黄冈中学,但那里是天堂,也可能是地狱。黄冈中学的教学方法,堪称应试教育的一绝!总结一句话,一切以考试为中心!有点像军队的口号:科技大练兵,一切为打赢!……黄冈中学的高中生活,实在是一个集中营……"

"黄冈中学的教学方法,堪称应试教育的一绝!总结一句话:一切以考试为中心!有点像军队的口号:科技大练兵,一切为打赢!怎么说呢?白天照着教材讲新课程,这点各个学校都差不多,但是,到了晚上,考试开始了。每个星期都要考几回。我现在记得最清楚的就是星期天晚上,是数学考试的时间。其他的科目有时考,有时不考,但是,数学的周日考试基本是雷打不动的……"

这篇帖子在网上广泛转发，尤其受到黄冈校友的关注。一些人认为正如文章所说，黄冈中学就是个"高考工厂"，不过也有不少人予以反驳，认为在高校录取率不高，高考一定程度上决定人生道路的大背景下，不应把应试教育的板子都打到黄冈中学身上。正如黄冈中学的一位校长所言："难道一个学校的升学率低，就说明它的素质教育搞得好吗？"

黄冈中学的委屈情有可原。在高竞争和低录取的冲击下，尽管国家一直强调高中教育教学具有双重任务：为高校输送合格新生，为社会培养合格的劳动者。但是实践中，高中教学成了"大学预备校"，高考升学率成了普通高中主要甚至唯一的评价标准。这种"片面追求升学率"的倾向，甚至影响了整个基础教育，从高中到初中、小学，甚至幼儿园，都出现了严重扭曲。

基础教育课程存在的问题日益突出。学校教育过于注重知识传授，忽视了学生的社会性和创造性；课程内容过于注重书本知识，与实际经验相去甚远；学生"填鸭式"被动学习，死记硬背、机械重复，缺乏自主研究和创新精神。

早在1972年，联合国教科文组织发表著名报告《学会生存》，明确提出"教育即解放"这个口号。它同时提出并确定了一个指导教育发展方向的基本思想："人类发展的目的在于使人日臻完善；使他的人格丰富多彩，表达方式复杂多样；使他作为一个人，作为一个家庭和社会成员，作为一个公民和生产者、技术发明者和有创造性的理想家，来承担各种不同的责任。"

"片面追求升学率"有着深厚的土壤。"教育即解放"只是美好的愿景。正如黄冈师范学院教授袁小鹏所说，黄冈中学教育现象折射出的，正是我国教育和社会发展的困窘。民众乃至一些学校领导、教师对于高考升学率执著的追求，确有理性的、自觉认识的成分，即对现行的高考选拔机制蕴含的积极的教育和社会理念的认同；但更多的则是一种基于现实的无奈的抉择。

难啃的骨头

1979年10月16日，《光明日报》刊登了一篇名为《"大突击"景象散记》的报道。该报道配发的编者按说：

高考复习，无论从内容上说，或是从师生紧张的程度上说，都称得上教学"大突击"。1978 年和 1979 两届高中毕业生，都经历"大突击"的学习阶段。实践的结果证明，用这种办法，有损于传授基础知识和培养基本技能的"双基"教学，不利于学生和教师的健康。

报道中的内容，已经是后来越演越烈的"高考工厂"的雏形：开学不到一月，高二数学不上新内容了，只抓复习；学生一天学习十五六个钟头，中午不回家，只吃干粮。文章更提到，一位 54 岁的物理教师在"大突击"的深夜昏厥去世。

这是恢复高考后第一篇关于"片面追求升学率"的重量级报道，它引发了教育领域旷日持久的争论。

为了克服"片面追求升学率"，国家采取过许多措施。

教育部先后在 1979、1980 年多次发文，明确提出克服片面追求升学率的"五条措施"，特别到 1983 年 12 月，在"五条措施"的基础上，经过补充和修改，又制定了《关于全日制普通中学全面贯彻党的教育方针、纠正片面追求升学率倾向的十项规定（ 试行）》。1988 年 5 月和 1994 年 11 月，原国家教委分别又制定了《关于减轻小学生课业负担过重问题的若干规定》和《关于全面贯彻教育方针，减轻中小学生过重课业负担的意见》两个行政规章，强调"对违反规定的要进行教育，不能评优、授奖；情节严重的要给予批评、通报，直至追究行政责任"。1999 年 6 月，中共中央、国务院发布了关于《深化教育改革，全面推进素质教育的决定》，提出全面实施素质教育，并重申："地方各级政府不得下达升学指标，不得以升学率作为评价学校工作的标准。"

不少教育专家认为，既然规定普通高中有双重任务，一是向上一级学校输送合格新生，一是培养合格的社会建设接班人，那就应为此建立与双重任务一致的评价制度。然而，长期以来，高考升学率是具有双重任务的普通高中的主要甚至唯一评价标准，其结果必然片面[①]。

他们建议，在中学，起码在高中，应因材施教，发现、培养学生的特长，使人人成才，而不是盲目追求升入普通高等学校。就导向而言，国家应

---

① 杨学为，《片面追求升学率对高考的启示》。《考试研究》，2006 年 1 月，第 2 卷第 1 期

建立全面的德智体、毕业考分与平时成绩相结合，科学的评价制度。

伴随关于"片面追求升学率"的争论以及随之而来的反思，高考采取了许多措施，在学之外"抬高"了德、体的作用，以求与分数平衡，实现"德智体"全面考核。1982 年的招生工作作出了三好学生、优秀学生干部和体育特长生可降分投档的举措。之后 1987 年 4 月 27 日，国家教委发出《普通高等学校招生暂行条例》以详尽规定，确定了三好学生、优秀学生干部、学科特长和体育特长生的享有分数优惠。

此后 20 年，加分项目陆续增多。后来饱受诟病并被限制加分的奥赛，在当时被视为素质教育，是对应试教育的补充。体育生加分也颇得教育界认可。1978 年至 1987 年十年间，国家密集出台政策，对三好学生、优秀学生干部、学科竞赛获奖者、体育艺术特长生、思想品德表现突出者、受政府表彰的优秀青年、报考农林等特殊院校者等对象实行降分录取。

然而，与最初的设想相反，由于没有透明公正的监督体系，为破除"分数挂帅"而设的加分政策，反被"分数挂帅"所侵蚀，严重伤害了高考的公平。即使有各类名目的加分政策，对大多数考生特别是农村考生来说，仍然是"镜中月水中花"，分数依然是改变命运的唯一考量。

这一切都导致克服"片面追求升学率"成效甚微。为了高考，学生之间的竞争、学校之间的竞争反而愈演愈烈。第一年高考试题怎样出，第二年中学教学就怎样适应。可以说，改变"片追"现象一直没有找到切实有效的解决方案或思路。以至有不少人讥称"素质教育讲得轰轰烈烈，应试教育干得扎扎实实"。

"片面追求升学率"成了一块难啃的骨头。

极端之下，20 世纪 90 年代中期以来，个别学者甚至提出要"废除全国统一高考体制"，甚至认为统一高考制度"泯灭人一生中最有创造性年华的发展，让富有想象力的学生沉湎于死记硬背和冗长繁琐的揣摩求证之中"，其"影响与科举制使强盛的中华民族日益衰落的后果并无二致"，因此，"废除统考制，就是要避免鸦片战争的历史悲剧重演"[1]。

---

[1] 杨学为，《片面追求升学率对高考的启示》，《考试研究》，2006 年 1 月，第 2 卷第 1 期

这样"一边倒"的言论显然无助于问题的解决。在不少学者看来，要改变"片追"，不能只就高考谈高考。高考只是其中的一环，需要的是社会整体的发展和机制的不断改革。

研究黄冈中学现象的袁小鹏认为，高考制度是制约基础教育改革发展的一个关键性的制度要素，但是，基于我国现阶段经济和社会发展的现实，推进高考制度改革必须循序渐进，切忌操之过急。

"高考制度改革需要借助一定的社会经济及文化环境，我国高考制度改革要想达到一种比较理想的境界，最终还是要依赖于社会经济及文化环境的逐步改善。在我国现阶段社会发展的客观背景下，仅仅提出一些理想化的制度设计或是言辞激烈的批评都是无济于事的。"他的声音也许可以为改变"片追"的努力做一个注脚。

第三节 高考改革初体验

"天下唯一不变的就是变化",这句话用在高考制度上并不过分。自1977年恢复高考,高考制度一直在争议中变革、发展。

早在1978年4月,人们还沉浸在恢复高考的喜悦之中的时候,邓小平就在全国教育工作会议上指出:"考试是检验学习情况和教学效果的一种重要方法,如同检验产品质量是保证工厂生产水平的必要制度一样。当然也不能迷信考试,把它当作检验学习效果的惟一方法。要认真研究、试验,改进考试内容和形式,使它的作用完善起来。"

一方面,这是邓小平看到有些人因为"片面追求升学率"对中学的消极影响而指责高考,甚至怀疑恢复高考的正确性,强调高考的积极作用;一方面,邓小平指出"不能迷信考试",要"改进考试内容和形式",指出高考需要改革,需要进一步完善。

20世纪80年代中期,由"片面追求升学率"引发了对高考改革的讨论,上海等地开始试点自主命题、会考、标准化命题等改革探索。20世纪90年代,随着会考制度在全国确立,高考从对知识的考查向对能力考查的方向转变。

减负的尴尬

恢复高考,让中国的教育制度得以重建。但是实践中,由于考生多、招生少,以及高校的建立和发展仍需时间,造成巨大的供需缺口,不可避免地导致学校和考生家庭以高考为唯一的"指挥棒",片面追求升学率。

在这种背景下,20世纪80年代,"片面追求升学率"现象日益突出,一些学校以升学为单纯目标的做法不仅违背教育方针,也违背了教学规律,损害了青少年身心健康，影响到教育的改革与发展。学生为之所累，家长为之所苦，学校的负担也非常重，整个社会都开始要求反思。为了避免这种片面的做法越滑越远，1983 年 12 月 31 日，当年的最后一天，教育部发布《关于全日制普通中学全面贯彻党的教育方针、纠正片面追求升学率倾向的十项规定（试行）》。这一文件被媒体称为"针对中学生的第一次减负"。

《规定》指出：不能只抓升学，忽视对劳动后备军的培养；只抓考分，忽视德育和体育，忽视基础知识和能力的培养；只抓少数，忽视多数；只抓毕业班，忽视非毕业班；只抓高中，忽视初中。

《规定》强调，要正确指导和全面评定学校的工作。衡量一所中学办得好不好，主要看是否全面贯彻党的教育方针，对全体学生负责；学生的品德、智力、体质是否在原有的基础上有较大的提高，合格率如何；学生毕业后是否适应劳动或升学的要求。对按照上述标准确实办得好的学校，不论是重点中学还是一般中学，都应给予表彰奖励。

《规定》同时提出，不要为了应付升学考试，随意砍掉或挤占某些课程，不要按照高考考什么，就只设什么课程。每门课程的成绩都要记入学生档案，缺一门课程成绩者，不能发给毕业证书。学校领导要有人负责抓体育和卫生保健工作。初中学生每天要有 9 小时睡眠，高中学生要 8 小时睡眠。平均每天要有 1 小时体育活动。寒暑假期间要保证休息，原则上不进行补课；对需要补考的学生可进行必要的辅导，但时间不要超过假期三分之一的天数，平均每天不要超过 3 门的补习班；要加强平时对学生学习情况的了解。

《规定》明确，不要频繁地进行考试。每学期只进行期中、期末考试或考查，每次考试的科目不要过多。有些课程可只在结束时进行期末考试。考试题目不应超出教学大纲、教科书规定的要求。学校不得举办全日制升学补习班，不得吸收往届毕业生插入应届毕业班学习，或让他们以应届毕业生名义报考学校，或给他们开具学籍等假证明。在不影响正常班教学，不占用学校经费的原则下，经上一级教育部门批准，学校可以举办业余补习班，或由教育部门、社会团体等单独举办专门的补习班。

这是我国教育部门第一次探讨应对"片面追求升学率"，实行学生减负的问题。此后，我国还曾多次在各种文件中提及"减负"，范围也不仅限于中学。比如仅以 20 世纪 80 年代和 90 年代为例，1988 年和 1993 年，国务院颁布《中国教育改革和发展纲要》，明确要求"中小学要由'应试教育'转向全面提高国民素质的轨道"。

但正如不少人说"小学学不好，就进不了好中学；中学学不好，就别想上大学"，"片面追求升学率"之风盛行于各级教学机构。减负出发点是好的，但实行效果却难如人意。

在这个过程中，我国也在尝试转变基础教育理念。80 年代中期，素质教育"或者综合素质评价的提法逐渐兴起。一方面是国际大背景的影响。当时"世界各国在推进教育改革中都十分重视中小学课程改革，在政策上将其视为关系国家、民族生存与发展的重大问题，以美、英、法为首的西方发达国家积极地、全方位地检讨、反思自己的课程体系并提出各种改革方案"。作为西方教育的精英，美国于 1983 年发布题为《国家处在危险之中，教育改革势在必行》的报告，提出推行"回归基础"的教育活动。英国于 1988 年颁布了《教育改革法案》，强调中小学生应学习广博的、平衡的、相关的课程。

一方面，我国基础教育中存在的问题也日益突出。学校过于注重知识教授，课程内容几乎限于书本知识和考试重点，忽视了学生的社会性和创造性；教学方式过于强调"填鸭式学习"，死记硬背、机械训练，缺乏自主探究和合作学习的机制；对学生的评价也主要基于考试成绩，忽视综合评价对于促进学生全面发展和提高的作用。这些问题都严重制约了我国基础教育乃至整体教育的发展。综合两方面的因素，强调素质教育的改革规划被提上日程。

1985 年 5 月，《中共中央关于教育体制改革的决定》提出"提高民族素质，多出人才、出好人才"，这成为素质教育实践的思想源头。1994 年 8 月，《中共中央关于进一步加强和改进学校德育工作的若干意见》发布，第一次正式在中央文件中使用素质教育的概念。1999 年 6 月，《中共中央国务院关于深化教育改革、全面推进素质教育的决定》发布，提出"加快改革招生考试和评价制度，改变'一次考试定终身'的状况，按照有助于高等学校选拔人才、中小学实施素质教育和扩大高等学校办学自主权的原则，积极推进高考制度改革"，进一步明确提出了大中小学都要加强素质教育的要求。

然而遗憾的是，在实践中，推行素质教育，为学生减负总是难逃"雷声大雨点小"的命运，"素质教育喊得震天动地，应试教育搞得扎扎实实"的局面也并未根本扭转。东北师范大学教授杨卓说，"减负缺的不是形式主义的口号目标，而是有真实效果的实际行动"。现实中，"比起一个孩子个性的全面发展来，家长更重视的是能否考上好学校，学校关心的是多少学生能考上，政府关心的是哪所学校考得好"。

客观而言，把减负理想化，为了减负而减负是减负之所以难减的重要原因。减负是一项非常复杂、艰巨且不可能一蹴而就的系统工程。不断推出新的行政规定，其初衷是美好的，但是却往往沦为"空中楼阁"。随着社会发展，大众对优质教育资源的需求日益增长，但优质教育资源严重稀缺，再加上各地分布严重不均，这样的矛盾化解不了，减负难减也就并不奇怪。

会考制度登场

高考测试是高校招生录取的主要依据，从高考采取什么形式，考哪些科目到考什么样的内容，是更注重死记硬背的知识，还是着眼于综合素质的考察，都是高考改革的重要内容。

1983 年，教育部发布《关于进一步提高普通中学教育质量的几点意见》，提出："建立、健全升留级和毕业制度……毕业考试要和升学考试分开进行，有条件的地方可按基本教材命题，试行初、高中毕业会考。"

1984 年，教育部学生司于《人民教育》开辟专栏展开关于"片面追求升学率"与高考改革的讨论。讨论中明确，解决问题的方法是改革高考制度，实行会考制度。

为什么要在高考制度之外，再提出一个会考制度呢？那是因为建国后建立统一高考制度后，高中毕业考试与高校招生考试就合二为一，高考既肩负着学业水平测试的功能，又担负着选拔性考试的功能，两者混为一体带来了一系列弊病。

正如《关于进一步提高普通中学教育质量的几点意见》指出，中学教育是基础教育，不仅要为高一级学校输送合格新生，还要为四化建设培养大批优良的劳动后备力量……只抓考分，忽视德育、体育，忽视基础知识和培养能力；只抓少数'尖子'、毕业一诺千金占多数；只抓高中，忽视初中等片面追求升学率的错误做法，必须坚决纠正。

考虑在高考制度外再新建一个会考制度，将二者分开，有一定的现实原因，即"克服当时中学教学的过早分科和严重偏科；促进高中教育双重任务的落实和国民素质的整体提高；监控高中教育水准的升降；调控高中教育的合理分流；为高考科目减少，降低高考对高中教育的负面影响创造条件"。

可见，"立足实施素质教育，扭转高中教学'片面追求升学率'，端正学校办学、教学行为，监督学校执行国家课程计划并达成其所规定的学业水平程度，全面提高中学生整体素养，促进高中教育均衡发展，是国家推行高中会考制度的初衷"。

这一方针确立后，下一步就是在哪里试点实施，首选的是教育发达地区。经过反复研究与讨论，1985年国家教育委员会决定在上海市实行全市统一的会考制度，并在此基础上改革高考科目设置。

此前，从1978年起，高考采取全国统一考试，由教育部组织命题，各省、自治区、直辖市组织考试、评卷和在当地招生院校的录取工作。考试的科目也是统一的：文科考政治、语文、数学、历史、地理和外语；理科考政治、语文、数学、物理、化学和外语。外语考试的语种为英、俄、日、法、德、西班牙、阿拉伯语，考试成绩暂不记入总分，作为录取的参考。没有学过上述语种的可以免试。报考外语院校或专业的，还须加试口语；外语笔试成绩记入总分，数学成绩作为参考。

为了便于试验，上海市高校招生委员会提出改革上海高考科目设置，由上海单独命题。语、数、外必考，再结合政、史、地、化、生，共组成6个科目组。此后，上海考卷被称为"全国统考上海卷"。

科目如此设置，并不像表面看起来这么简单。改革初期，这一点引起了反复争论。在上海的试验中，会考考试科目为九门必修课，从第一学期到第五学期，学完一门考一门。当时不少人提出，既然会考已经考了九门必修课，参加高考的考生都是合格的高中毕业生，因此，绝大多数人主张高考只考大学所学专业相关的科目，以减少科目数，减轻考生在科目数量上的负担。遵照上述原则，上海教育部门最终确定语、数、外为各类学校的必考科目，其它六门高中必修课中（政治、历史、地理、物理、化学、生物）由招生学校（专业）任选一门，形成六个科目组。

为了与高考区别开，上海的试验明确会考与高考从性质上是不同的。高中毕业会考是衡量其毕业生是否达到合格水平的考试，高考是普通高等学校在报考的合格高中毕业生中，按国家计划，选拔优秀新生的考试。但是对于会考成绩可否以一定比例带入高考，各方多次激烈讨论，但最终均以两次考试性质不同而被否定。

按照设想，在高中毕业会考的基础上，各中学就可以根据本校条件发挥其特长。毕业生在会考的基础上，可以根据本人爱好或未来高考科目组的要求，在某些科目上学得更好一些。学校还可以组织课外活动小组，市、区教研部门或其它学会、协会等也可以组织学生参加一些竞赛，以发挥学生的特长。高等学校可以在高中毕业会考合格的考生中，选拔与本校专业要求相关科目成绩更加优秀的新生，改变仅凭高考成绩决定取舍的作法，在高考成绩相近时，应录取会考成绩好的，同时，参考课外活动、学科竞赛的成绩。

这种模式被称为"合格加特长"的模式。经过几年的试验，1988年，国家教育委员会正式批准浙江省和上海市为全国高中会考和高考改革试点省、市。1989年，《关于试行普通高中毕业会考制度的意见》又提出了力争三年内在全国试行会考制度的目标。同年，海南、云南、湖南三省开始试行普通高中毕业会考。

1990年，国家教育委员会在《关于在普通高中实行毕业会考制度的意见》中，总结了试点省、市的会考情况，认为"实践证明，实行普通高中毕业会考制度对于全面贯彻教育方针，落实高中教学计划，加强教学管理，克服偏科现象，全面提高教育质量具有重要作用"，并决定从1990年开始用2年时间在全国逐步实行会考制度。

自主招生

恢复高考以来，高校招生几乎是以高考分数作为录取的唯一依据。"高校不仅无权自行施考，而且招生权也基本上被'一刀切'的高考分数线所架空。由于录取制度刚性，标准单一，中学教育深陷'片面追求高分'与'应试教育'的泥潭。因此，扩大高校招生自主权，推进素质教育，探索一种以统一考试为主、多元考试评价、多样选拔录取相结合的高校招生制度，成为教育改革的迫切需要。"

招生制度改革成为高考改革的题中之义。

1992年，国务院在《关于加快改革和积极发展普通高等教育意见的通知》中提出要"改革原有的由国家包办高等教育的单一体制和模式，探索适应社会主义市场经济体制、调动社会办学积极性、多种形式和途径发展高等教育的新路子"，要"把提高发展高等教育质量放在突出的地位。对于列入'211工程'计划的高等学校和学科、专业，中央（包括各有关部门）和地方两级教育部门，要采取适当的特殊政策，进一步扩大这些学校的办学自主权"，同时还要"进一步改革招生和入学考试办法，对在培养人才方面有特殊要求的学校或专业，经过批准可按系统或地区，联合或单独组织招生考试，并按有关规定录取新生，为有利于高等学校按照各自的特色、风格和专业要求培养人才，把选拔新生的职权留给学校"。

1993年，上海工业大学（现上海大学的前身之一）等7所高校开始试行自主招收自费生，揭开了高校自主招生改革的一角，上海率先进入以扩大高校招生自主权为核心的"探索扩展期"。根据当时的报道："在上海市政府和高教局的支持下，1993年秋季上海工业大学面向社会自主招收全部自费生，不参加全国和全市的统一招生。这在全国尚属首次。"其初衷在于打破"以分为纲"的大一统局面，使那些学习成绩并不十分突出但在某一学科或领域具有优异才能和发展潜力的学生不受高考分数的限制，通过接受高等教育，其才能和潜力可得到充分发展，最终成为社会所需人才。次年，试点高校扩大到17所。

然而，由于社会认识与体制机制上的一些原因，高校招生自主权提升的速度非常缓慢，与高校在面对适应社会需求和符合办学规律的双重压力下所需要的自主办学空间极不相称。增加录取投档比例和实行"学校负责，招办监督"等录取体制的改革，也只是给高校在高考分数线的"地盘"上"腾出"一小块极为有限的自主空间，这种"带着镣铐跳舞"的高校招生体制改革，并未真正触及自主招生的本质。上海工业大学等试行的自主招生，虽然颇具自主色彩，但只局限于上海市部分高校。

1999 年 1 月 1 日，《中华人民共和国高等教育法》正式施行。该法赋予了高校七项办学自主权，其中第一项就是有关招生方面的自主权。该法第 32 条规定："高等学校根据社会需求、办学条件和国家核定的办学规模，制定招生方案，自主调节系科招生比例。"不过，从该规定看，它只是赋予了高校很有限的招生自主权。它要求"高等学校根据社会需求、办学条件和国家核定的办学规模，制定招生方案"，但它没有同时明确"招生方案"是否需要政府审批，而在事实上迄今为止还是需要上报有关教育行政部门审批。这样，所谓招生自主权就只剩下"自主调节系科招生比例"了。

从后来的实践看，自主招生虽然扩展到更多的高校，不过大多数高校的自主招生只占到总招生额的 5%。也就是说，我国高校基本上只能在小范围进行自主招生，只有部分自主权。

环顾全球高校，招生制度主要有三种类型：

一是全自主型。规划、专业设置及学生人数、招生组织、招生考试方式及其内容、录取标准及录取对象，完全由高校自主决定。教育行政部门仅起监督作用。当时上海准备用 3 年左右的时间逐步取消统一招生，希望在录取时主要参考上海市中学会考成绩，学校再加试成绩以及学生的综合特长等，可惜这一设想后来并未实现。

二是半自主型。高等学校招生在自主权上有一定限制，因所限制的程度、项目不同，而在具体实施时有不同的形式。通常情况下，高校并没有规划权，即高校布局由教育行政部门说了算，招生组织通常也会受到较大限制，高校不能自主决定招生的时间，但享有专业设置、招生考核命题及录取标准等方面的自主权。

三是统招前提下的自主型。即在统一招生中给高校某些自主权，通常集中在录取标准方面，而在高校规划、专业设置及人数、招生组织、入学考试组织及命题等方面，高校基本上不能自主，但允许高校在统一考核的基础上，自主命题组织再考核，并根据考核成绩自主决定录取标准及录取对象。

我国自自主招生政策实行以来，社会对其评价不一。在赞同通过这种方式选拔在某一领域有特殊才能的人才，改变单凭高考分数限制人才发展这一状况的同时，不少人也质疑自主招生能否确保公平。

在试行自主招生的过程中，各试点院校大多明确指定了招生地区，多集中在经济、教育较发达地区的周边省市，广大西部地区和边疆地区很少或基本没有惠及，对于教育资源处于劣势的边穷地区之适龄青年而言，这样的"地区保护"和"差别对待"进一步加重了事实上的不公平。此外，试点院校还明确规定哪些中学有资格推荐考生参加自主招生。据统计，明确提出生源所在中学为省、地区、直辖市重点中学的试点高校有 25 所，约占 62.5%，显然，绝大部分普通中学被拒之门外。再加上中国社会属于城乡二元结构，地区间、城乡间差距明显，自主招生的高校对于中学资格的限定，更是无形中造成优秀的农村学生无法通过这一渠道接受大学教育，加重城市与农村教育之间的不公平。

科目设置的演化

高考就是一根"指挥棒"，考什么，考哪些科，是语数外，还是理化，不仅决定着高考的考试内容，也影响着基础教育的课程安排与教学模式。因此，在高考改革中，科目设置的改革具有"牵一发而动全身"的影响力。

1978 年，随着教育系统的初步恢复，高校招生回到全国统一命题、统一考试的轨道上。考试分文、理两科。文科（含哲、外）考试科目为政治、语文、数学、历史、地理、外语；理工科（含医、农）考试科目为政治、语文、数学、物理、化学、外语。外语考试的选考语种扩大为英语、俄语、法语、德语、日语、西班牙语、阿拉伯语（1980 年取消）等 7 种语言。当年，外语成绩不计入总分，仅作为录取参考。此后，外语成绩在录取中的作用，呈现"从无到有、从少到多"的调整过程。1979 年报考重点院校的考生，外语成绩按考试成绩的 10% 计入总分；报考一般院校不计入总分，只作为录取参考。1980 年，本科学校统一按外语成绩的 30% 计入总分，专科学校仍只作参考。

1981 年，教育部提出高考改革"科研先行、开展试点、逐步推广"的方针。当年，"为了促进中学语文、数学和外语学习，提高高等学校新生的基础知识水平和外语程度，对考生的语文和数学成绩（外语专业考生的语文成绩）作出了基本要求，其中有一门达不到条件的，录取时随下一个段分发档案；外语计分比例，本科按50%计入总分（1980年为30%）。专科学校成绩是否计入总分，由省、自治区、市决定。理工医农类增考生物，并按30%计入总分"。"1982年生物满分调整为50分；外语成绩，本科按70%计入总分，从1983年起按100%计入总分。报考专科学校考生的外语成绩是否计入总分，由各省、自治区、市确定。"

恢复高考后，经过几年的科目设置恢复与调整，外语和生物科目实现了从无到有，其计分权重也由低变高，体现了伴随经济的恢复发展，全社会对外语人才的需求，也反映了国家逐步重视人才各方面素质的全面培养。

20世纪80年代中期，会考制度的出现，为高考科目设置改革创造了较大空间。高考科目设置进一步向多元化方向迈进。各地相继提出了多种高考科目设置方案。

一是上海方案。1987年，率先实行会考试点的上海在会考基础上，高考只考语数外3科，会考成绩计入高考总分。1989年，上海开始试行"3+1"方案，"3"指语、数、外，"1"指由招生学校（专业）在政、史、地、物、化、生6门必修课中任选1门，形成6个科目组。当时，上海高考用的是自主命题的"上海卷"，"3+1"被认为有利于发挥学生个性，促进专业性发展，进一步发掘人才。但面对激烈的升学竞争，学生常常很早就集中于"1"科的单科学习，而忽视其他课程，出现严重偏科的现象。

二是"三南"方案。1991年，海南、湖南、云南三省在会考基础上开展高考科目改革，其科目设置分为四组四科：一科目组考"语、外、史、政"；二科目组考"语、数、外、物"；三科目组考"数、外、化、生"；四科目组考"语、数、外、地"。与上海相似，该方案一定程度上减轻了学生的学习负担，但由于明确地砍掉了一些科目，却容易造成偏科，不利于学生全面发展。此外，各组科目由于差异太大，成绩缺乏可比性，不同学科间难以调剂。

三是"3+2"方案。1992年，在上海"3+1"方案的基础上，形成了"3+2"科目设置方案。高考科目分为文、理两类，两类科目都需考语、数、外三科,文科类加试政、史,理科类加试物、化。此外,根据文、理科的特点,必考科目中的语、数在试题的内容方面有所不同。1994 年,"3+2"方案开始在全国推行。相比于此前的方案,此方案既考察了学生的学习能力,也旨在减轻学生负担,文理偏科的程度也有所降低。不过,考试科目完全取消了生物和地理,在是否有利于培养学生综合素质方面也引起了争议。

四是"3+X"方案。1999 年,在"3+1"和"3+2"的基础上,广东试行"3+X"方案,"3"为语、数、外 3 门必考科目;"X"为由高校根据本校层次及特色从物、经、生、政、史、地 6 个科目或综合科目中自行确定一门或几门考试科目。综合科目包括文科综合、理科综合、文理综合或专科综合,旨在"考查学生理解、掌握和运用中学所学知识的能力,促进中学实施素质教育,引导中学生全面学习,掌握中学阶段相应的基础知识、基本技能,形成较强的能力"。不过,此方案过去多变和开放,选择性过多,实践中考生面对"X"时多选择 1 科,存在偏科导向,即使选择综合科目,在专业选才中也很难区分偏才、怪才。

高考改革进行时

高考改革,可以说从一开始就没有停止过。如同现在很多领域改革一样,"只有进行时,没有完成时"。2014 年 9 月 4 日,《国务院关于深化考试招生制度改革的实施意见》正式公布,从顶层设计入手,标志着新一轮考试招生制度改革全面启动。

《国务院关于深化考试招生制度改革的实施意见》是一篇顶层设计,3 年之后的 2017 年起全面推行。当时经社会媒体仔细疏理,《实施意见》对高考的内容、形式、录取、管理等环节进行了全新设计和部署,其中不分文理科、取消艺体特长生加分等 10 项变化备受关注。

【不分文理科,外语科目提供两次考试机会】

【高考计分 3+3,自选科目看特长】增强高考与高中学习的关联度,考生总成绩由统一高考的语文、数学、外语 3 个科目成绩和高中学业水平考试 3 个科目成绩组成。保持统一高考的语文、数学、外语科目不变、分值不变。计入总成绩的高中学业水平考试科目,由考生根据报考高校要求和自身特长，在思想政治、历史、地理、物理、化学、生物等科目中自主选择。

【学业水平要测试，综合素质入档案】学业水平考试主要检验学生学习程度，是学生毕业和升学的重要依据。考试范围覆盖国家规定的所有学习科目，由省级教育行政部门按国家课程标准和考试要求组织实施。建立规范的学生综合素质档案，客观记录学生成长过程中的突出表现，注重社会责任感、创新精神和实践能力，主要包括学生思想品德、学业水平、身心健康、兴趣特长、社会实践等内容。

【取消艺体特长加分，省级加分不通行】大幅减少、严格控制考试加分项目，2015年起取消体育、艺术等特长生加分项目。地方性高考加分项目由省级人民政府确定并报教育部备案，原则上只适用于本省（区、市）所属高校在本省（区、市）招生。

【回归全国统一卷，异地高考更有戏】2015年起增加使用全国统一命题试卷的省份。改进评分方式，加强评卷管理，完善成绩报告。加强国家教育考试机构、国家题库和外语能力测评体系建设。

【自主招生后进行，联考培训要取消】2015年起推行自主招生安排在全国统一高考后进行。申请学生要参加全国统一高考，达到相应要求，接受报考高校的考核。试点高校要合理确定考核内容，不得采用联考方式或组织专门培训。

【高职院校搞"特招"，职业技能是必考】高职院校考试招生与普通高校相对分开，实行"文化素质＋职业技能"评价方式。中职学校毕业生报考高职院校，参加文化基础与职业技能相结合的测试。普通高中毕业生报考高职院校，参加职业适应性测试，文化素质成绩使用高中学业水平考试成绩，参考综合素质评价。学生也可参加统一高考进入高职院校。2015年通过分类考试录取的学生占高职院校招生总数的一半左右，2017年成为主渠道。

【录取不再按批次，双向选择机会多】推行高考成绩公布后填报志愿方式。创造条件逐步取消高校招生录取批次。改进投档录取模式，推进并完善平行志愿投档方式，增加高校和学生的双向选择机会。2015年起在有条件的省份开展录取批次改革试点。

【校长签发通知书，录取结果可申诉】高校可通过聘请社会监督员巡视学校测试、录取现场等方式，对招生工作实施第三方监督。建立考试录取申诉机制，及时回应处理各种问题。建立招生问责制，2015年起由校长签发录取通知书，对录取结果负责。

【绿色通道再拓宽，寒门学子不用愁】继续实施支援中西部地区招生协作计划，在东部地区高校安排专门招生名额面向中西部地区招生。部属高校要公开招生名额分配原则和办法，合理确定分省招生计划，严格控制属地招生比例。2017年录取率最低省份与全国平均水平的差距从2013年的6个百分点缩小至4个百分点以内。继续实施国家农村贫困地区定向招生专项计划，由重点高校面向贫困地区定向招生。部属高校、省属重点高校要安排一定比例的名额招收边远、贫困、民族地区优秀农村学生。2017年贫困地区农村学生进入重点高校人数明显增加，形成保障农村学生上重点高校的长效机制。

《实施意见》发布后，教育部负责人就一些社会关注的问题进行了详细的解读，并回答了当时社会最关注的一些问题。以下是2014年教育部有关负责人给新华社发来的问答稿：

问：这次改革的总体定位是什么？

答：总体定位是，促进公平、科学选才。30多年来，我国考试招生制度不断改进完善，这一制度总体上符合我国国情，权威性、公平性社会认可，但也存在一些社会反映强烈的问题，主要是唯分数论影响学生全面发展，一考定终身使学生学习负担过重，区域、城乡入学机会存在差距，中小学择校现象较为突出，加分造假、违规招生现象时有发生。因此，这次改革在保持现行考试招生制度稳定的基础上，着力解决突出问题，适应经济社会发展对多样化高素质人才的需要，更好地促进学生健康发展，更好地科学选拔各类人才，更好地维护社会公平。

问：这次改革的目标任务是什么？

答：2014年启动考试招生制度改革试点，2017年全面推进，到2020年基本建立中国特色现代教育考试招生制度，形成分类考试、综合评价、多元录取的考试招生模式，健全促进公平、科学选才、监督有力的体制机制，构建衔接沟通各级各类教育、认可多种学习成果的终身学习"立交桥"。

改革有五项主要任务：改进招生计划分配方式，进一步促进机会公平；改革考试形式和内容，更好地引导素质教育，促进学生健康成长；改革招生录取机制，规范考试加分、自主招生，改进录取方式，拓宽多种形式学习通道；改革监督管理机制，加大信息公开力度，加强对违法违规行为的查处；在少数省（市）开展高考综合改革试点。

问：如何缩小区域高等教育入学机会差距？

答：自 2007 年以来，国家采取多项措施努力缩小区域高等教育入学机会差距。2013 年全国高考平均录取率为 76%，最低省份录取率达到 70%，两者的差距由 2007 年的 17 个百分点缩小至 6 个百分点。这次改革将进一步提高中西部地区和人口大省高考录取率，在东部地区高校安排专门招生名额面向中西部地区招生，同时部属高校要严格控制属地招生比例。力争到 2017 年，录取率最低省份与全国平均水平的差距缩小至 4 个百分点以内。

问：如何增加农村学生上重点高校的机会？

答：由于城乡基础教育水平存在差距等多种因素，农村学生考上重点高校的比例相对较低。今后将继续实施国家农村贫困地区定向招生专项计划，由重点高校面向贫困地区定向招生。这项计划 2012 年开始实施，当年安排 1 万名，2013 年扩大到 3 万名，2014 年扩大到 5 万名，覆盖 22 个省（区、市）的 832 个贫困县。部属高校、省属重点高校还要安排一定比例名额，专门招收边远、贫困、民族地区优秀农村学生。力争到 2017 年使贫困地区农村学生进入重点高校人数明显增加，并形成保障农村学生上重点高校的长效机制。

问：为什么要推行高中学业水平考试？

答：高中学业水平考试是检验学生学习程度、避免严重偏科的一项制度设计，是学生毕业和升学的重要依据。今后学业水平考试范围覆盖国家规定的所有学习科目，由省级教育行政部门按国家课程标准和考试要求统一组织实施。各地要合理安排课程进度和考试时间，创造条件为有需要的学生提供同一科目参加两次考试的机会。2014 年，教育部将出台完善高中学业水平考试的指导意见。

问：如何确保高中学生综合素质评价规范有序、真实可信？

答：这次改革的重点是更好地规范评价的内容、程序，确保内容客观真实、程序公开公正。一是建立规范的学生综合素质档案，客观记录学生成长过程中的突出表现，注重社会责任感、创新精神和实践能力，主要包括学生思想品德、学业水平、身心健康、兴趣特长、社会实践等内容。二是严格程序，强化监督，确保公开透明，保证内容真实准确。三是各省（区、市）制定综合素质评价基本要求，学校组织实施。2014年，教育部将出台规范高中学生综合素质评价的指导意见。

问：高职院校分类考试如何进行？

答：根据改革方案，高职院校考试招生将与普通高校相对分开，实行"文化素质＋职业技能"评价方式。中职学校毕业生报考高职院校，参加文化基础与职业技能相结合的测试；普通高中毕业生报考高职院校，参加职业适应性测试，文化素质成绩使用高中学业水平考试成绩，参考综合素质评价。学生也可参加统一高考进入高职院校。2015年通过分类考试录取的学生占高职院校招生总数的一半左右，2017年成为主渠道。

问：对减少和规范考试加分有何举措？

答：我国从20世纪50年代起就实行考试加分政策，一类是补偿性的，一类是鼓励性的。但在实施过程中，出现加分项目过多、分值过大特别是资格造假等问题。这次改革主要采取3项措施。一是大幅减少、严格控制考试加分项目，2015年起取消体育、艺术等特长生加分项目。确有必要保留的加分项目，应合理设置加分分值。二是地方性高考加分项目由省级人民政府确定并报教育部备案，原则上只适用于本省（区、市）所属高校在本省（区、市）招生。三是加强考生加分资格审核，严格认定程序，做好公开公示，强化监督管理。2014年底，教育部将出台进一步减少和规范高考加分项目和分值的意见。

问：如何进一步完善高校自主招生？

答：2003年国家启动自主招生试点，目前试点高校共90所，招生人数约占试点高校招生总数的5%，2013年选拔录取了2.5万人。这次改革提出了进一步完善和规范自主招生的措施。一是申请学生要参加全国统一高考，达到相应要求，接受报考高校的考核。二是试点高校合理确定考核内容，不得采用联考方式或组织专门培训。三是规范并公开自主招生办法、考核程序和录取结果。四是严格控制自主招生规模。五是从2015年起推行自主招生安排在全国统一高考后进行。

问： 高校招生录取方式将有哪些变化？

答： 高校招生录取方式的变化主要有：一、将涉及考试招生的相关事项在招生章程中详细列明并提前向社会公布；二、在制定学校招生计划、确定招生政策和规则、决定招生重大事项等方面充分发挥招生委员会作用；三、可通过聘请社会监督员巡视学校测试、录取现场等方式，对招生工作实施第三方监督；四、建立考试录取申诉机制，及时回应处理各种问题；五、建立招生问责制，2015年起由校长签发录取通知书，对录取结果负责；六、推行高考成绩公布后填报志愿方式；七、创造条件逐步取消高校招生录取批次，2015年起在有条件的省份开展录取批次改革试点；八、改进投档录取模式，推进并完善平行志愿投档方式，增加高校和学生的双向选择机会。

问： 如何加强考试招生的监督管理？

答： 主要采取3项措施：一是加大招生工作的信息公开力度，深入实施高校招生"阳光工程"，及时公开招生政策、招生计划、考生资格、录取程序、录取结果、咨询及申诉渠道、重大事件违规处理结果等信息，全程接受社会监督。二是加强制度保障，强化教育考试安全管理制度建设，健全诚信制度和教育考试招生法律法规。三是加大违规查处力度，对考试招生中的违法违规行为发现一起、查处一起、公开一起，严格追究当事人及相关人员责任。

问： 高考综合改革试点如何进行？

答： 高考综合改革重点进行两方面探索：一是改革考试科目设置。考生总成绩由统一高考的语文、数学、外语3个科目成绩和高中学业水平考试3个科目成绩组成。保持统一高考的语文、数学、外语科目不变、分值不变，不分文理科，外语科目提供两次考试机会。计入总成绩的高中学业水平考试科目，由考生根据报考高校要求和自身特长，在思想政治、历史、地理、物理、化学、生物等科目中自主选择。二是改革招生录取机制。探索基于统一高考和高中学业水平考试成绩、参考综合素质评价的多元录取机制。2014

年，上海市、浙江省两地分别出台高考综合改革试点方案，从2014年秋季新入学的高一学生开始实施。试点省（市）的其他在校高中生和没有开展综合改革试点省份的高中生，仍实行现行高考办法。

2014年公布的《实施意见》，2017年，也就是我国恢复高考40周年之际就要全面推进。这三年来，越来越多省份的改革方案落地，高考改革带来了哪些变化？

截至2016年高考季，已有北京、广东、江苏、辽宁等20多个省份公布了高考改革实施方案，福建、安徽、四川、湖北等省份也明确方案也于当年内年底前予以公布。在全国范围内渐次铺开的高考改革，是当下高考制度的一次深刻变革。实行"新高考"后，高中怎么教？学生如何才能进入心仪的高校？教育整体链条是否能环环相扣？

通过梳理各地改革方案人们发现，高考计分方式、高校招生录取方式发生明显变化，科目设置和招生批次成为改革重点。

——不分文理，变为"3+3"模式。广东、辽宁、吉林等大部分省份实行"3+3"的考试模式：前一个"3"指统一高考的语文、数学、外语科目，后一个"3"为高中学业水平考试科目成绩，由考生在思想政治、历史、地理、物理、化学、生物等科目中自主选择3科。

——外语等科目实行一年两考。北京市高考改革确定，英语听力考试从笔试中分离，一年两次实行机考，上海、吉林、辽宁等地也规定，外语提供两次考试机会，学生选取较好成绩计入高考总成绩；广东省除外语科目实行一年两考外，还将给学业水平考试提供两次考试的机会。

——"一考定终身"变为"多元录取"。各地规定，改革统一高考招生录取机制，实行基于统一高考和高中学业水平考试成绩，参考综合素质评价的多元录取机制，即俗称的"两依据、一参考"。

——"本科批次合并"。辽宁、福建、四川、广西等地从去年起陆续取消本科第三批次，与本科第二批次合并录取。一些省市则提出了合并第一、第二招生批次：上海市将从2016年起合并本科第一、第二招生批次，并按照学生的高考总分和院校志愿，分学校实行平行志愿投档和录取；海南合并一本、二本招生批次，并计划从 2020 年起仅设本科和专科两个录取批次；山东省也提出，山东高校录取从明年起将不再分一本二本。

新高考方案执行时间上，上海、浙江两个试验区明年起执行新高考；北京、海南等将于 2017 年启动高考综合改革；广东、辽宁、吉林、湖南等大部分省份定为从 2018 年高一新生开始执行改革；一些西部省份定于 2019 年开始执行。

各省份高考改革方案引发普遍关注。一些业界人士认为，新高考方案总体上以学生为本，为学生、高校提供了更多选择机会，考试素质教育导向、公平性更明显。但与此同时，高考的"套餐"模式变成了"自助餐"，"史、地、生"等传统副科比重增强，各科内容更注重考察与生活相结合的实践能力，高中教学势必发生重大变革。

——"走班制"必然带动分层教学。师资配置、课程组织与学校管理均不同程度面临挑战。

笔者在上海采访了解到，"走班制"正在成为高中教学改革的一大趋势。目前，复旦附中本部已经对部分高一、高二逾两百名学生实行全部课程走班，不设行政班级，其余学生选修课实行"走班制"，学生可以按照自己选择的课表前往对应的教室上课，教室门口也贴出课程安排和相应的时段。

2017 年开始实施"新高考"的浙江省实行的是"7 选 3"考试模式，学生可以在物理、化学、生物、思想品德、历史、地理、技术 7 门高中学业水平考试科目中，选择 3 门成绩计入高考总分。这种考试给浙江省高中带来了 35 种课程选择"套餐"。实际操作中，由于学生选择不一，部分学校教室、教师出现一定程度的短缺。

——"综合素质测评"将由雷同到个性。上师大附中校长严一平介绍，在相关高校已公布的综合评价录取改革试点方案中，高考成绩不再是唯一的录取标准，而是采用"高考＋校测＋学业考"方式录取。在全面推进高考改革后，高校正在逐步将综合素质纳入到人才的选拔过程中，更加关注学生的全科成绩、综合素质和自身的实践和体验经历。

2016 年，上海共有 9 所高校开展综合评价录取，同时高招将合并一、二本批次，原有的志愿填报方式和投档录取办法发生改变。考生在合并后的

10个院校志愿里填报的自由度明显增加，原来"从一本掉到二本"的概念消解了，考生的选择面得以扩大，高分考生更易向上冲击，低分考生也有足够多的选择满足志愿。

复旦大学招生办公室对此表示，希望学生和家长能充分考量自身特长、兴趣、理想，从未来10年、20年，甚至更长发展时期来把握自身的选择，只有这样才能跳出只看眼前的热门专业、分数高低等狭窄视角。这也是考生真正能够在招考制度改革中以不变应万变的根基所在。

"现在学生最大的困惑是，只知道学习，不知道自己喜欢什么，将来要做什么？"一些教师反映，在选择多了、范围大了的情况下，考生自己也会患上"选择困难症"。

"高考改革最重要的就是选择。"长春市实验中学校长迟学为说，考生可以根据自己的兴趣和潜能选择优势学科，学校也要有这样的规划和引领能力。

一些基层学校负责人担心，高考改革开始实行时，对学校、学生和家长的适应能力是个挑战。

针对"走班制"，武汉市一所中学校长说："学校教室够不够用？如何配备相应教师，走班之后新的班级如何管理，如何考勤？可能都要和过去完全不同，应提前做好准备。"

针对高校录取参加"综合素质测评"，一位孩子在上海交大附中嘉定分校入读的家长赵女士表示：在本身比较繁重的高中课业中，如何更多更好地融入业余爱好、社会实践、志愿活动等内容，考验着学校，也考验着学生和家长。

第四节 高校扩招——高等教育的普及化

自 1977 年恢复高考招生以来，我国高校招生规模尽管在逐年增长，但在 1999 年之前，高校扩招年均增长都只在 8.5% 左右。"千军万马过独木桥"就是这一阶段高考的真实写照。上大学，也只是少数人才能实现的梦想。

不少影视文学作品也对那时的高考有过生动的记录。如陈强、陈佩斯父子主演的平民喜剧《父与子》，讲的就是北京青年二子（陈佩斯饰）年纪轻轻却游手好闲。父亲老奎（陈强饰）对此非常着急。他爱子心切，又望子成龙，希望二子好好补习功课，准备考大学。于是，每天清晨起来第一件事，就是督促二子温习功课，还特地为二子添置了一台录音机，并经常督促二子去买参考书，甚至把二子锁在屋里不让外出。最后，二子为了复习高考近乎"魔症"，还用上了古人"头悬梁、锥刺股"的办法。但最终在高考那一天，他在教室竟然累得睡着了。最后老爹无奈用一辆三轮车把二子从考场拉了回来，彻底断送了"高考梦"。

人们为喜剧欢笑的背后，也透露出社会的一个现实：高等教育资源极度稀缺情况下人们的无奈。1993 年，国家教委召开电话工作会议提出进一步加快改革和发展步伐，时任国家教委常务副主任朱开轩在回顾 1992 年我国教育事业的改革和发展时指出，教育战线在大好形势下还存在着一些问题，如教育投入和教育事业发展需要的矛盾还相当突出；一些地方和学校教师队伍不稳定；一些地方高校扩招过多，办学条件跟不上等。会议提出，1993 年全国教育战线的主要工作任务中，关于普通高等教育的要求是：全面贯彻"规模有较大发展，质量上一个台阶，结构更加合理、效益有明显提高"的发展方针，进一步改革高等教育的办学体制，理顺政府、社会和学校之间的关系，逐步做到政府统筹规划与宏观管理。学校要面向社会，自主办学。

这次电视电话会议，可以看作是此后全国高校扩招的一次准备性会议。在此后的 1999 年，轰轰烈烈的全国高校扩招开始了……

一、理论准备：从"科教兴国"到《面向21世纪教育振兴行动计划》

1999 年 5 月，中共中央、国务院颁布《关于加速科学技术进步的决定》，首次正式提出实施科教兴国战略，引起了国人广泛关注。

"科教兴国"战略的理论基础来源于邓小平关于科学技术是第一生产力的思想。1977 年，邓小平提出："我们要实现现代化，关键是科学技术要能上去"，"靠空讲不能实现现代化，必须有知识，有人才"。"不抓科学、教育，四个现代化就没有希望，就成为一句空话"。1988 年，他进一步指出："马克思说过，科学技术是生产力，事实证明这话讲得很对。依我看，科学技术是第一生产力。"他明确把科教发展作为发展经济、建设现代化强国的先导，摆在我国发展战略的首位。

党的第三代中央领导集体高度重视科技进步在推动社会主义现代化中的关键作用。1989 年 11 月，江泽民在全国科技奖励大会上提出，发展科学技术是全党的历史性任务。1991 年 5 月，江泽民在全国科协第四次代表大会上，向全国发出了"把经济建设转移到依靠科技进步和提高劳动者素质轨道上来"的号召，并强调这一转移与十一届三中全会把党的工作重点转移到经济建设上来具有同等重要的战略意义。

经过几年的探索实践，1995 年 5 月 6 日，中共中央、国务院颁布了《关于加速科学技术进步的决定》，首次提出在全国实施科教兴国的战略。同月，为全面部署落实这一决定，中共中央、国务院在北京召开全国科学技术大会。江泽民在会上阐释了科教兴国战略的内涵："科教兴国，是指全面落实科学技术是第一生产力的思想，坚持教育为本，把科技和教育摆在经济社会发展的重要位置，增强国家的科技实力及向现实生产力转化的能力，提高全民族的科技文化素质，把经济建设转移到依靠科技进步和提高劳动者素质的轨道上来，加速实现国家繁荣强盛。"

同年 9 月，中共十四届五中全会通过《关于制定国民经济和社会发展"九五"计划和 2010 年远景目标的建议》，把实施科教兴国战略列为今后 15

年直至 21 世纪加速我国社会主义现代化建设的重要方针之一，强调"实施科教兴国战略是历史的必然选择"。1996 年 3 月，八届全国人大四次会议正式批准的《国民经济和社会发展"九五"计划和 2010 年远景目标纲要》，将科教兴国作为一条重要的指导方针和发展战略上升为国家意志。1997 年党的十五大进一步明确了将科教兴国战略作为我国经济发展的战略之一。

科教兴国战略的制定，把科技、教育进步作为经济和社会发展的强大动力，是确保国民经济持续、快速、健康发展，增强国际竞争力的根本措施，对建设国家创新体系，促进科技创新与产业化，促进我国科技自主创新能力的提高，实现跨越式发展具有重要作用。为推动科教兴国战略的实施，农业、工业、国防、财贸等行业和部门相继提出了科技振兴行业计划。各省区市及各地相继制定了科教（技）兴省（市）、科教（技）兴市（县）发展战略。科教兴国成为亿万人民的共识和自觉行动，实现社会主义现代化宏伟目标的必然抉择，中华民族伟大复兴的必由之路。

1998 年 11 月，为了贯彻落实党的十五大关于科教兴国的战略部署，教育部在贯彻落实《中国教育改革和发展纲要》的基础上，制定了《面向 21 世纪教育振兴行动计划》。

这一行动计划的主要目标和任务是：实施"跨世纪素质教育工程"，提高国民素质，重点改革课程体系和评价制度；实施"跨世纪园丁工程"，大力提高教师队伍素质，优化教师队伍；实施"高层次创造性人才工程"，积极参与国家创新体系建设，从国内外吸引一批能够领导本学科进入国际先进水平的优秀学术带头人；加快"211 工程"建设及相关计划的实施，争取使若干所高等学校和一批重点学科进入世界一流水平；实施"现代远程教育工程"，形成覆盖全国城乡的现代远程教育网络，构建终身学习体系；实施"高校高新技术产业化工程"，加强产学研合作，促进高校、科研院所和企业在技术创新和发展高科技产业中的结合；积极稳步发展高等教育，特别是要积极发展高等职业教育；积极发展职业教育和成人教育，培养大批高素质劳动者和初中级人才；深化办学体制改革，调动各方面发展教育事业的积极性；依法切实增加教育投入，多渠道筹措教育经费，努力争取实现百分之四的目标；加强和改进各级学校的德育、美育及心理健康教育，认真组织实施新的政治理论课和思想品德课设置方案等。

1999 年 1 月，教育部在京召开年度教育工作会议，部署当年的教育工作。时任教育部部长陈至立在会上提出，1999 年教育工作将继续推进教育教学、高等教育管理体制、办学体制、学校内部管理体制、招生与毕业生就业制度和教育经费筹措体制等六项改革，提高教育质量和办学效益，使基础教育、高等教育、职业教育、成人教育和非学历教育有机协调发展。

陈至立在会上强调，1999 将全面启动《面向 21 世纪教育振兴行动计划》，要加大高等教育管理体制改革力度，积极探索高等学校和基础性科研机构的共建与合作；推进高考改革，重点是改革高考科目和考试内容，增加对能力和综合素质的考核份量，将开展"3＋x"高考科目改革方案的区域性试点；建设　支高水平的高校师资队伍，培养创造性人才，积极参与国家创新体系建设；"211 工程"立项学校及所在地方政府要抓紧工程建设，要加强国家重点实验室建设和学科基地建设，提高知识创新能力；加快高校科技成果转化，通过成果转让、联合攻关、联合投标等方式，促进高校与企业合作，争取更多的企业在高校设立开发中心，积极创造条件在高校集中的地区建立高新技术产业化基地，组建一批以高校为依托的高科技企业集团。

而正是这份于 1999 全面启动的《面向 21 世纪教育振兴行动计划》中提出，要积极稳步发展高等教育，到 2000 年，全国高等教育入学率达到 11% 左右；瞄准国家创新体系的目标，培养造就一批高水平的具有创新能力的人才；加强科学研究并使高校高新技术产业为培育经济发展新的增长点作贡献；深化改革，建立起教育新体制的基本框架，主动适应经济社会发展。到 2010 年，全国高等教育规模有较大扩展，入学率接近 15%，若干所高校和一批重点学科进入或接近世界一流水平；基本建立起终身学习体系，为国家知识创新体系以及现代化建设提供充足的人才支持和知识贡献。

此外，学术界呼吁扩大高等教育招生规模的呼声也日益强烈。1998 年 11 月，经济学家汤敏以个人名义向中央提交了一份建议书《关于启动中国经济有效途径———扩大招生量一倍》，建议中央扩大招生数量。在这份建议书之中，他指出 5 点扩招的理由：

1. 当时中国大学生数量远低于同等发展水平的国家。

2. 国企改革带来的大量下岗工人如果进入就业市场与年轻人竞争会出现恶性局面。

3. 国家提出经济增长 8% 的目标，教育被认为是老百姓最大的需求，扩招可以拉动内需，激励经济增长。

4. 高校有能力接纳扩招的学生，当时平均一个教师仅带 7 个学生。

5. 高等教育的普及事关中华民族振兴。

他的建议被中央采纳之后，中央很快制定了以"拉动内需、刺激消费、促进经济增长、缓解就业压力"为目标的扩招计划。

以上这些，等于吹响了全国高校扩招的号角，相当于要用 10 年时间，将全国高校招生率提高一倍以上。而事实上，高校扩招的速度远远超过当时的预计。

二、全面实施：高校扩招的十年

1999 年，高校扩招在全国展开。

其实，除了教育本身的需求，即我国高等教育资源长期以来极度缺乏，不能适应广大人民群众的需求和国家建设，特别是改革开放以来经济社会快速发展的需要外，1999 年的高校扩招背后还有另外一层经济层面上的原因。

1992 年，改革开放的设计师邓小平同志发表南巡讲话，积极肯定了改革开放和市场经济。自此，中国的改革开放再次踏上快车道。同时，改革积弊也必然要面临阵痛。大规模的国企改制开始推行后，经营不善的国企纷纷倒闭，大批原国企员工下岗自谋出路，政府也开始精简人员。在 1992 年到 1998 年，由于国企改制，市场经济改革等原因，国内出现了大规模的失业人群（下岗职工）。其中 1997 年全国下岗人员为 2115 万人。

在高校毕业生就业问题上，按照市场经济的要求也不可能再延续以前国家统一包分配的做法。于是，1996 年开始，国家开始了高校毕业生"双向选择""自主择业"的试点。直到 1998 年，大学生由国家分配工作的制度基本取消，当年 70% 以上的大学毕业生是自主择业的。

一方面是大量需要安置的国企下岗职工，另一方面是开始自主择业的年轻高校毕业生。双方在劳动力市场上势必发生"对撞"。这也就是上文中，经济学家汤敏在《关于启动中国经济有效途径———扩大招生量一倍》建议书中提出的5点原因中，为什么会提出第2条"国企改革带来的大量下岗工人如果进入就业市场与年轻人竞争会出现恶性局面"的理由了。仔细研究他所提出的这5点原因，其中除第1、第4、第5条是教育方面的因素外，其余第2、第3皆是经济上的理由：一是避免对当时的就业市场造成过大压力；二是提出扩招可以成为拉动内需、刺激经济增长的手段之一。

1999年，当时的国家计委向中央提出进一步扩大国内需求，促进经济增长的12条建议，其中明确提出要"扩大高等学校招生规模"。当年五月，国家计委和教育部在已经下达的当年普通高校招生计划的基础上，再次下达了普通高校扩招计划，使当年普通高校招生由上年的108万人增加到154万人，增长43%。而实际上，当年招生总数达159.68万人，增长速度达到史无前例的47.4%。

2000年，全国高等院校继续扩招。全国普通高校计划招生180万人，比上一年实际招生增长12.5%，而实际招生规模超过了200万人。2001年，全国高校招生录取260万人，录取率首次突破50%。此后的2002年：录取320万人；2003年：录取382万人；2004年：录取420万人；2005年：录取504万人；2006年：录取530万人；2007年：高校计划招生567万人，与30年前报考人数极其接近，但是录取比例约为2:1。

"高校扩招"，这台高速运转的机器直到2008年才有所减缓：虽然当年高考招生人数创新高，计划录取599万人，考生1050万，录取比例57%，但增长幅度仅为5%。到2009年：全国普通高校招生报名人数约为1020万人，比2008年减少3.8%，其中应届普通高中毕业生约750万人；本专科招生计划安排数则比2008年增长4%，全国普通高校计划招生629万人。在上述"一少一多"的情况下，2009年高考的平均录取率将接近62%，比2008年提高近5个百分点。

1999年—2009年10年间，中国高校扩招就像在高速公路上飞奔的跑车。对于这一近乎"冲刺式"的扩招速度，一方面说明这是高等教育资源长期紧张压抑的一次集中爆发式的释放，另一方面，如此快速的扩招也必然加剧教育资源不能适应教育规模增长的矛盾，从而导致一些如师资力量不足、教育质量下降、大学生就业等方面的问题。

三、高校扩招：利大于弊？还是弊大于利？

1999 年开始的全国高等院校扩大招生，无疑达到了促进居民教育消费增长，缓解就业以及学生升学压力的目的，也受到了全社会的欢迎，多少学子圆了之前只有少数人才能达成的"大学梦"，为高等教育带来了难得的发展机遇，带动了我国高等教育办学体制、管理机制和办学思想的重大变革，同时也为提高国民整体素质，为社会主义经济社会建设输送了大批人才。

可以说，高校扩招目的是好的，效果是显著的。但不可否认的是，由于扩招的速度太快，全国高等教育无论从硬件还是软件的发展上，一时跟不上扩招的速度，有的地方出现"断档"现象，导致在教育质量、人才培养等方面打了些折扣。

截至 2002 年秋季，全国各类高等学校在校生已超过 1600 万人，比 1998 年翻了一番多。高等教育毛入学率由 1998 年的 9.8% 提高到 15%。全国许多地区的高校，无论在师资力量、教学设备甚至学生公寓等都出现捉襟见肘的情况。

如在 2002 年全国两会期间，就有部分人大代表疾呼："高校扩招：数量上升，质量不能下降！"当时的新华社记者就采访了时任全国人大代表、原中国人民大学校长李文海，他表示：

"这几年高校扩招，数量上去了，质量却有下降的趋势！"中国人民大学老校长李文海代表接受记者采访时直言不讳，"总理在《政府工作报告》中谈到要稳步发展普通高等教育，提高教育质量，非常有针对性。"

"实行扩招以来，高校在校生总数翻了一番。总理报告中讲到去年扩招了 48 万人，大体上占在校生的五分之一。这是很大的成绩。高校扩招充分利用现有资源办更多的事，一定程度满足了社会需求，在扩大内需上也发挥了作用。但是在师资力量没有很大变化、办学条件没有很大增强的情况下，也会造成紧张：教师紧张，宿舍紧张，图书馆、实验室甚至食堂等必要的教学、生活条件都紧张。如果不采取积极有效的措施，势必会降低人才培养水平。特别是有些学校，为了短期利益，不顾自身条件，扩招的数量过多，超过了承受能力。在这种情况下必然损害教学水平，很难保证大学生培养质量。"

李文海代表还指出，连续几年高速扩招，势必存在隐忧——大学生就业困难，现在已经出现这样的苗头。他提醒政府有关部门重视扩招带来的"连锁反应"，及早考虑应对良策。

此时，各地教育部门和高等院校也逐步意识到迅速扩招带来的一些问题。

扩招政策首先导致的问题是教育质量的下滑和基础设施的不足。以北京大学为例，1999年，扩招导致北大宿舍吃紧，部分学生需要自行解决住宿问题。2002年，北京市教委对50所高校做过一次调查，发现65%的学校由于师资力量缺乏所以没有能力继续扩招，86%的学校出现了硬件不足和经费短缺的问题。同时，师资力量的缺乏导致了学校教学质量出现不同程度下滑。以湖南为例，从1998年到2005年，高校在校生数量增加了4.2倍，而教师数量仅仅增加了2.1倍。师资力量严重滞后于学生增长速度，但是如果快速扩大教师队伍又会严重影响师资水平。

此外，从第一批扩招的大学生进入社会的2003年开始，大学生就业问题就开始成了全社会关注的话题。由于大学生包分配取消不到10年，扩招后的大学生就进入了就业市场，客观上，扩招政策改变了大学毕业生的供求体系，直接导致了大学生就业率和薪水的下降。除了庞大的就业需求之外，扩招导致的教育质量下滑，专业与课程结构不合理，不适合市场需求也成了大学生就业难的一大原因。此外，由于2009年中国受到金融危机冲击面临较为严重的就业压力，政府开始将一部分大学生安排在基层工作，此外，还采取扩招研究生的办法解决就业压力。

当时有大学校长反映说："从1999年至2005年每年递增25%左右，远远超出国民经济发展速度，这不能说是一个理想的科学发展。2007年，普通高校大概1900多所，一半以上是扩招后新增加的学校，其中一大部分是中专升上来的，理念、制度、师资、设施等各方面准备都不足。"

同时，教育部开始对扩招进行反思。2006年，国家提出高等教育的发展要切实把重点放在提高质量上。2007 年，时任国家教育部部长周济说：高等教育仍将继续扩招，但是幅度将大大放缓。2008 年 10 月 9 日，教育部在发布会上首次表示，1999 年决定的全国高校大规模扩招太急促。今后高校扩招步伐将放缓，明年扩招幅度将不超过 4%，后年不超过 3%。2008 年，全国普通高校本专科招生计划为 599 万，增长幅度仅为 5%。

在地方，高等院校迅速扩招带来的问题也逐步受到重视，并逐步调整。如 2002 年，贵州省教育厅负责人表示，从 2002 年起，贵州省各个高校的扩招速度将会适当放缓，各校要把精力集中到提高教学质量上来。

这位负责人介绍，经过连续 3 年的大规模扩招，2001 年贵州省各类高校在校生人数已达 19 万人，比 1998 年翻了一番多，高等教育毛入学率达到了 7%。3 年扩招使贵州省高等教育规模实现了跨越式的发展，高等教育已经初步实现了从精英教育向大众化教育的转变。

但他同时认为，高校扩招肯定不能长期持续进行，因为学校的负荷是有限的。贵州省的扩招基本上是从挖掘高校现有潜力入手，学校的规模、师资、设备等并未及时跟上，由此带来了办学条件下降、学生管理不力、教学质量受到影响等一系列问题。比如，一般高校合理的师生比例为 1：14 左右，而当时贵州省高校的这个比例已经达到了 1：19。教师授课负担的加重，必然影响到教学质量的提高。

当时，贵州省教育厅决定从 2002 年起放缓高等学校的扩招速度，将增长总量控制在 10% 左右，并重点扩大本科招生规模。各个高校以及教育部门今后集中力量处理好规模与效益、结构与质量的问题，集中解决学校内部管理问题，狠抓办学条件，加快后勤社会化的改革，补充师资，更新设施设备，化解连续 3 年扩招产生的矛盾和问题，力求将高等教育办出规模、办出效益。

附：高校扩招是民心所向势在必行——李岚清谈高校扩招决策内幕

本节摘自《李岚清教育访谈录》的第四部分"把一个适应时代要求的高等教育带入 21 世纪"。（标题为编者所加——编者注）文章详细解说了高校扩招的思路、成就和存在的问题以及应对之策，同时澄清了当时人们的一些误解。

记者：

我国高校从 1999 年至 2001 年连续 3 年大幅度扩大招生规模，使我国高等教育的规模发生了历史性变化。到 2001 年，全国各类高等学校共招生 550 万人，各类高等学校在校生达 1350 万人，比 1998 年增加约 570 万人。其中普通高校招生 1998 年为 108 万人，2001 年增加到 268 万人，同期在校生也从 341 万增加到约 719 万人。2002 年招生规模仍有较大幅度的增长。当时是基于什么考虑，要进行这样大幅度的扩招？

李岚清：

大幅度扩大高等学校招生规模，是 1999 年 6 月上旬朱镕基总理主持召开的国务院总理办公会议决定的，是在 6 月中旬中共中央、国务院召开的全国教育工作会议上朱镕基总理宣布的。为什么作出这样的决定？有四个主要原因：

一是我国持续快速发展的经济需要更多的高素质人才，这也是党的十五大所要求的。1998 年我国的大学生在校人数只有 780 万，占同龄人比例为 9.8%，不但大大低于发达国家的水平，也低于国际高等教育大众化最低标准 15% 的水平。就平均每万人中大学生的比例而言，我国也比印度低许多。我们需要培养更多的大学生。

二是广大群众普遍渴望子女都能受到高等教育，政府有责任尽量满足他们这种愿望。

三是扩招也可以推迟学生就业，增加教育消费，是拉动内需、带动相关产业发展的重要举措。

四是由于过去招生比例低，录取人数少，考大学难，迫使基础教育集中力量应付高难度的考试，因此影响了素质教育的全面推行。所以，高校大幅度地扩招是客观的必然，也是民心所向，势在必行。

实践证明，这个决策是完全正确的。到 2002 年，我国高等教育的毛入学率约 15%，标志着我国的高等教育开始进入大众化的发展阶段。

大力发展高等教育，扩大招生，比较好地解决了上大学难的问题。前些年，我就听到反映，说江苏的同志抱怨为什么他们 600 分才能录取，而北京 400 分就能录取？这里面有各种原因，其中一个直接原因，就是北京、上海大学多，而人口相对较少；而江苏人口多，高校相对来说较少。江苏从 1996 年开始扩招，努力扩大本省高等教育资源。扩招前的 1995 年，江苏省普通高校在校生数为 21.9 万人，当年招生数为 6.7 万人，录取率为 47%。2002 年，招生数为 23.9 万人，提高了好几倍，录取率达到 70% 左右，全省普通高校在校生数达到 74.1 万人。特别是苏州，扩招后，普通高校的录取率达到 85% 以上，加上成人高校和自学考试等，苏州市高等教育的毛入学率达到 40% 以上。所以，解决上大学难的问题，根本办法还是靠扩大教育资源。

既然有那么多高中毕业生想上大学，我们就应该想方设法让他们上。只不过设法多建几所高校，公办教育和民办教育一起来嘛。为什么要把那么多的高中毕业生拒之门外？现在独生子女多，孩子考不上大学对于家庭来说是一个极大的精神负担。有人说高中毕业生可以在家里学习，参加自学考试，我以为自学考试主要是对成人、在职人员，对高中刚毕业的孩子是不大可能的。他们在家坐不住，也没有这个自觉性，家长也怕孩子在家里干出什么坏事来。现在的问题是如何推动各地加快发展高等教育的步伐，特别是推动支持高等教育基础较弱、人口较多的地区加快发展高等教育的步伐。这些地区高等教育事业加快发展之日，就是上大学难的问题开始解决之时。

我主张扩招，但并不赞成盲目扩招。我曾多次提出高校扩招必须与学校的教学、后勤基础设施挂钩，与学校的师资力量、教学水平挂钩，注意防止出现因扩招导致教学和学习条件变差、教学质量下降等问题。我同时还提出，北京、上海等特大城市，特别是著名大学的扩招，重点应逐步转向培养高素质的研究生，而不是不适当地扩招本科生。

记者：

由于高校连续几年的大幅度扩招，2003 年的大学毕业生比 1999 年扩招前增加一倍。现在社会上有一种看法，认为高校扩招加剧了就业的矛盾。您怎样看这个问题？

李岚清：

就业问题是个经济问题、人口问题，与高校扩招没有必然的联系。我国由于人口的迅速增长，必然要求提供更多的就业岗位，而经济发展越快，提供的就业岗位就会越多。如果提供的岗位跟不上人口增长的速度，就会产生就业难的问题。我国人口众多，经济发展又不平衡，就业形势一直都比较紧张。另外，我们目前还有一个特殊情况，就是政府机关和企事业单位机构改革，减员增效，出现了下岗人员再就业的问题。这些问题的产生，都与高校的扩招没有必然的联系。不管高校扩招不扩招，这么多需要就业的人也都是客观存在的，一个也少不了。你不让他上大学，他就是个没有技能的中学毕业生，中学毕业生难道就不需要就业吗？就更容易就业吗？因此，我不赞成"高校扩招加剧了就业矛盾"的说法。相反，高校进行扩招，不但不会给就业制造麻烦，还可以造就更多的高素质人才，提高他们就业和创业的能力，有利于增加就业的机会。否则人的素质低，就业就更加困难。同时，上大学也推迟了就业，对当前严峻的就业形势，应当说是一个缓冲。今后几年高校毕业生还会增加，这对提高我国从业人员的科学文化素质具有积极意义。问题是我们必须高度重视大学毕业生的就业问题，加强就业指导和服务，发挥政策的作用，使他们树立正确的就业观念，帮助他们就业，鼓励他们自主创业和灵活就业。

高校毕业生的就业问题，从过去多年的做法来看，有这样几个方面特别值得重视。

一是通过各种渠道和方式为大学毕业生提供就业信息，并帮助他们联络就业单位，加强就业辅导工作。

二是国家招聘公职人员，要基本上面对大学毕业生。现在社会的用人机制，总的说还不是大材小用，而是小材大用。许多本应由大学或高等职业学校毕业生担任的工作，却由中学毕业生或只有小学文化的人去担任。这也是我国在经济转型过程中遇到那么多阻力和消极现象的重要原因之一。不少地方在扩大高校毕业生就业方面已经创造了不少经验。有些地方制定了这样一个政策，即吸收大学毕业生作为预备公务员，先让他们到农村等基层挂职锻炼或充实农村教师队伍。特别是充实农村教师、医疗和公共卫生队伍这一条，对提高我国农村教育水平、发展公共卫生事业具有特别重要的作用。经过一段时间的磨炼，然后再根据需要、本人表现和意愿安排他们的工作。云南省还给愿意到农村工作的大学毕业生以特殊补贴，作出业绩者还给予奖励。这些措施对国家、集体和个人都有好处。

三是中西部地区、广大农村需要大批的高素质人才，国家需要采取措施鼓励大学毕业生到中西部地区、到农村去工作，去创业。

四是支持、鼓励大学毕业生报名参军，参加国防现代化建设。

五是吸收更多的大学毕业生担任城市社会管理服务工作，提高社会管理服务工作水平。

六是对大学毕业生进行自我创业的教育，鼓励他们应聘去中小企业、民营企业工作或自己创业。

七是健全和发展规范便捷的的职业中介机构，采用信息技术等现代化手段提供就业服务。此外，高校还应对学生加强教育，使他们不要自视过高。要让他们认识到自己虽然在高校学到了一些知识，但这些知识如不经过相当一段时间的实践磨炼，就很难在实际工作中发挥作用。

因此，大学和高等职业学校的毕业生从基层做起，从小事做起，从难事做起，多经磨炼，才能将所学的知识、经验和教训逐渐结合起来，发挥更大的作用。

教育行政管理部门和高校设置专业和招生，应注意对社会需求的调研、预测，避免因人才的培养和社会的需求脱节而造成就业困难。高校所设专业不能过窄，还要通过选课制、学分制等方面的改革，逐步拓展高校学生的知识面。要重视基础知识和专业基础知识的传授，注意提高自学能力和适应能力，使大学毕业生不但有一定的专业知识，而且有基本的道德素养，有敬业精神；不但会动脑、会学习，而且会动手、会做事，并善于与人共事。特别是要加强对大学生的创业教育，增强他们的创业意识和创业能力。我想这样培养出来的大学毕业生是会受到社会欢迎的。

第五节 "高考经济"火爆现象

"知识就力量""知识改变命运"……伴随着整个社会对知识文化的重视与渴求，加之高考恢复后"千军万马过独木桥"式的效应，以及我国市场经济程度越来越发达，"高考"作为一块市场越来越受到商家的重视，"高考经济"孕育而生。不仅如此，如今父母们都不希望子女"输在起跑线"上，"高考经济"的内涵和外延也不断延伸拓展。

"高考经济"一词到底是从什么时候出现的，很难给出一个十分准确的答案。翻阅资料，我们最早可以从 2001 年 6 月的一则新华社报道中找到。

"高考经济"乐了商家急了家长苦了考生

新华社唐山 6 月 29 日电（张洪河、曹煜）随着高考日期的临近，全国各地考生在全力以赴地作着最后的冲刺，而高考生的家长们也在一旁加油助威，形成浩浩荡荡的赶考大军。商家抓住机遇，把"高考经济"也带动得"牛市十足"：书店里高考参考书卖火了，真管用假管用的补品卖疯了，高考网站被点爆了，心理医生忙坏了……然而红红火火的"高考经济"给考生带来的却是沉重的压力。

眼下，考生们的生活中充满着浓浓的火药味，各种模拟考试和练习试卷像鹅毛大雪般纷纷落下，难怪考生们都抱怨"我为高考而憔悴"。紧张、疲劳过度，就会产生这样或那样的心理问题，这就使得一些心理医生忙得不亦乐乎。

近几个月来，唐山市几家书店里的高考复习参考书、学习软件、磁带卖得特别火，书商们笑得合不拢嘴。然而成堆的参考书，对考生的学习是否有帮助？据教育专家介绍，高考生每科准备 1-2 本具有代表性的参考书或参考资料就足够了，否则庞杂的参考内容不仅会消耗考生大量时间，还会令考生陷入题海中难以自拔。

家长们心情急切地希望孩子能金榜题名，但又帮不上手，便把心思倾注于每日的营养补充上，补高蛋白、高热量、高营养，觉得还不够劲，便又买来人参、鹿茸等进行强补，甚至还有家长把希望寄托在各种高价位的补脑药上。

而专家们认为，这些营养物质实际都可以在人们正常的饮食中摄取，只要合理搭配饮食同样可以获得。

有关教育专家指出，"高考经济"的产生，在一定程度上适应了家长和考生的需求。但考生和家长一定要掌握好自己需求的度，切莫让红火的"高考经济"给高考带来负面影响阴影。

是什么原因带火了"高考经济"？"高考经济"都包括哪些？近些年来是如何发展变化的？

一、是什么原因带火了"高考经济"

虽然我们不能准确地知道"高考经济"是从什么时间开始的，但可以大致判断其兴起应该在 2000 年前后，也就是我国开始大规模实行高考扩招之后。在这之前，"高考经济"肯定有萌芽或是零星出现，但在整个市场中尚不成规模。那么，到底是哪些原因带火了"高考经济"呢？

首先，全国大规模的高考扩招造就了高考这一巨大的教育市场"蛋糕"。

1998 年，我国普通高校招生人数为 108 万人。1999 年全面启动高校扩招后，当年普通高校招生人数就达到了近 160 万人，比上年增长 47.4%。此后，像如此大规模增长的扩招延续了 10 年时间。

2000 年，全国普通高校实际招生规模超过了 200 万人；2001 年，全国高校招生录取 260 万人；2002 年录取约 320 万人……这里所说的还只是录取人数，而报名人数就更多。我们整理了从 1999 年到 2016 年历年的高考报名人数，如下表：

年份	高考报名（万人）	较上年增幅
1999	340	6.25%
2000	388	14.12%
2001	453	16.75%
2002	528	16.56%
2003	613	16.10%
2004	723	17.94%
2005	867	19.92%
2006	950	9.57%
2007	1010	6.32%
2008	1060	4.95%
2009	1020	-3.77%
2010	957	-6.18%
2011	933	-2.51%
2012	915	-1.93%
2013	912	-0.33%
2014	939	2.96%
2015	942	0.32%
2016	940	-0.02%

从以上列表中我们能清晰地看出 1999 年—2016 年这 18 年的历届全国高考人数变化。

最高峰出现在 2008 年，达到 1060 万人。而在 1999—2008 年这 10 年中，高考报名人数快速增长，其中 2000 年到 2005 年是增长最快的 6 年，年平均增幅在 15% 以上，其中 2005 年甚至达到近 20% 的增长。

此后，高考报名人数增幅趋缓。到 2009 年达到一个分水岭，高考报名人数开始回调。一直到 2014 年才重新趋于稳定，维持在 940 万人左右的规模。

可见，从 1999 年的 340 万人到 2008 年的 1060 万人，高考报名人数绝对值增加了 720 万人，增幅达到 212%，也就是翻了两番。庞大而快速增长的高考人群自然造就了巨大的市场需求。

其次，我国市场经济体制的确立和快速发展，特别是教育市场化的发展，让"高考经济"更加炙手可热。

1992 年 10 月,中国共产党第十四次全国代表大会明确宣布:我国经济体制改革的目标是建立社会主义市场经济体制,提出要使市场在国家宏观调控下对资源配置起基础性作用。

此后的 1993 年 11 月,党的十四届三中全会作出了《中共中央关于建立社会主义市场经济体制若干问题的决定》,清晰地提出支撑社会主义市场经济的"四梁八柱"。一场波澜壮阔的制度变革,由此开启——从 1992 年到 2002 年,改革开放进入新体制基本框架的构建阶段。2002 年 10 月,党的十六大宣告,我国社会主义市场经济体制初步建立。

一方面,按照市场经济的基本规律,市场有需求就会快速形成供给。面对逐年快速增长的高考人群,市场上逐渐兴起包括"民办教育""高考冲刺培训""高考教辅材料""保健食品"甚至"研学旅游"等五花八门的产业,"高考经济"也就自然产生并蓬勃发展起来了。另一方面,市场经济的快速发展,我国各类市场产品极大丰富,以前远离普通人日常生活的"保健品""旅游产品""心理咨询""高考钟点房"等成为社会普及商品。

从上一表中可以看出,2005 年全国高考报名人数的增长速度达到高峰,到 2008 年高考报名人数的绝对值达到顶峰。那时的高考经济有多"火",还是让我们查阅一下当时的新闻报道是如何说的吧。

以下是两条新华社于 2005 年、2006 年高考来临之际播发的通稿:

新创意加"老三样","高考经济"不断演化

新华社成都 6 月 2 日电(记者周俏春)高考前后,考生的钱袋是商家盯准的时令商机。专为考生静心备考的钟点房、安神补脑的营养品、金榜题名后的谢师宴,逐渐演变成了"高考经济"的"老三样"。考生心理"按摩"、旅行社推出的考后放松游、互联网高考咨询服务等,每年高考经济都在不断演化出新创意。

据四川大学华西医院心理卫生中心教授郭兰婷介绍,今年高考前,很多家长带着孩子提前预约做考生心理按摩,挂号量比平时明显增加。郭兰婷说:"虽然高校连年扩招,考大学似乎没有过去那么难,但是要升上重点大学和理想的专业,对孩子来说仍然要承受心理压力的巨大负荷。考前孩子的心理普遍敏感和焦虑,特别在意父母老师的言行。心理按摩就是通过专业的心理咨询方式,

对孩子进行自信暗示治疗,针对不同情况提出精神减压的方案。"

据记者了解,考生心理咨询服务收费并不高,每次咨询45分钟,收费为100元左右。学生步入考场前心理紧张,善于把握商机的旅行社却看准了考后放松的黄金时段。四川省中国国际旅游社运通服务中心经理邓芳说,他们在高考结束的第一天,就将推出红原草原放松游,现在已经开始接受考生预订。

位于四川藏区的红原草原视野开阔,藏羌少数民族风情浓郁,吃藏餐、骑马、看日出都是城市里的孩子们向往的贴近大自然的方式,对放松心情很有帮助。此条线路针对性强,推出的时机恰当,花费也仅为四五百元左右,很受毕业学生的欢迎。

今年,互联网领域内的高考热也是一片火爆。今年四川报名参加高考的考生共有45.3万人,而全国普通高校招生报名人数总计800万,如此庞大的考生群,使高考成了当之无愧的巨大"眼球吸引点"。记者在google和"百度"两个搜索引擎上分别搜得235万和840万个与"高考"有关的网页。几大门户网站上"高考"一词也成为点击率数一数二的热门词。

除了提供高考新闻外,各网站推出的志愿填报指南、心理辅导、考题解析、名师点拨、高考祝福留言等五花八门的咨询服务,在内容设置上,从模拟试题、各科辅导到招生信息、专业介绍,乃至考生食谱、高考笑话等等一应俱全。高考尚未开始,就已有网站打出了开通查询考分、录取情况热线的广告,其令人眼花缭乱的程度与前几年的"高考房""状元餐"相比,有过之而无不及。

记者致电成都科花苑宾馆、蜀都大厦等几家靠近高考考点的宾馆了解到,由于刚过完西博会期间的订房高峰,成都现在的宾馆客房并不是很紧张,虽然不像往年一样到处打出状元房的广告,宾馆的钟点房和包房都留有很大的接待空间。在成都市中心的太极大药房,一位正在给孩子买洋参含片的家长说:"现在家庭条件好了,孩子一直营养不错,不过还是多方咨询,想给他买点补品,当然不能全信广告,安全、没有副作用是我们最看重的。"

针对时下红火的高考经济,四川省社科院教授胡光伟说:"高考经济像个筐,什么都可以往里装,有很多本来不沾边的广告和商品买卖,为了炒作噱头,不管三七二十一,都贴上'高考经济'的标签。其实大多数商家最看重的还是经济效益,而不是孩子的身心健康。正常的营养和心理辅导无可厚非,但是考前吸氧、考后大摆宴席,还有什么所谓的'高考兴奋剂',则完全是劳民伤财了。高考经济的虚火应该降降温了。"

"高考经济"热浪袭人

新华社郑州6月9日电题:"高考经济"热浪袭人

新华社记者李斌、刘子彦

火热的六月,期待收获的不只是辛劳了两季的农民,还有寒窗苦读十二载的莘莘学子和望子成龙的考生家长们。为了孩子的前途,家长往往不惜一掷千金。这种消费心理在一定程度上令日益升温的"高考经济"越来越热。

考前:"高考物资"热销

记者在郑州市各大书店了解到,临考前一个月,各类"押题卷""关门卷""考前最后一卷"等押宝试题集销量很好,考纲分析材料也很受欢迎。

新华书店河南省直书店负责教辅书籍销售的姚琳说:"'五一'后,到书店为孩子买书的家长越来越多。有些家长往往是看到和高考沾边的教辅材料就会搬回家。即使孩子没时间做,随便翻翻也好。尽管参考书价格相对便宜,大多在10元上下,但家长一次掏一百来块也是常有的事,多的能达到二三百块。"

2006年高考刚一结束,货架上就已赫然出现了2007年的总复习材料。目前,高考辅导书市场也正在实现"品牌经济"。姚琳说:"现在高考类书籍的热销期越来越长,学生和家长更多依赖口碑和'品牌'来购书。新出的教辅系列一般经过两三年的宣传才能火起来。"

在郑州市百家福万参药店,收银员关丽告诉记者,高考前两三个月,提高记忆力和改善睡眠的营养品销路特别好,药店都不用组织针对高考的促销活动,因为无论有没有促销,家长都会心甘情愿地掏钱。关丽说:"临近考试,家长很操心,比学生还紧张呢。"

新兴的"高考保姆"在郑州同样深受欢迎,但由于家长要求普遍很高,既能照顾饮食起居又能提供课程和心理辅导的"高考保姆"处在高薪难觅的状态。

高考当天:"吃住在宾馆,来去有专车"

记者在采访中了解到,风靡了好几年的"高考房"今年依然火暴。位于郑州市第十一中学考点附近的河南明珠大酒店此次也推出针对考生的标准间。酒店销售经理刘福倩介绍说,"高考房"的价格在300元左右,与普通标间差不多，重点在于酒店推出的两项特色服务，一是推出营养套餐，调理考生膳食；二是所有"高考房"都安排在同一楼层，外界影响小。酒店准备的五六十套"高考房"入住率接近百分之百。

在交通方面，许多家长早早就为孩子预订了"高考专车"。郑州市客运管理处电调中心总经理刘枫介绍说，高考订车业务从5月中下旬开始增多，电调中心希望出租司机在考试当天能提前到位置偏远的居民小区外等候，方便考生打车赶考。

一位考生家长感慨地说："现在的学生'吃住在宾馆，来去有专车'，这种待遇以前从未有过。现在经济上承受得起，我们就不能苦了孩子。毕竟辛苦这么多年就是为了这两天！"

高考期间，考点附近卖冰棍、饮料的小摊小贩也搭上了高考的顺风车。炎炎烈日下在考场外陪考的家长不在少数，各种消暑饮品自然也一路畅销。

考后："高考经济"高烧不退

高考的结束并不意味着"高考经济热"的冷却。药店冷下来，旅行社要火；宾馆人变少，饭店更热闹。

高考过后，家长纷纷想办法为孩子减压，不少旅行社借此举起"高考生放松游"的大旗，吸引了众多考生和家长的注意。中国青年旅行社河南分社国内部经理说，他们正在策划"影视夏令营"，面向需要考后放松的学生们。往年高考过后，各类家庭游的预订数量也会增加，火暴的考后旅游会让"高考经济"持续高温。

从往年情况来看，当高考成绩公布之时，所谓"谢师宴""感恩宴"又会成为餐厅业绩新的增长点。记者在采访中发现，某些酒楼、饭店现在就蓄势待发，开始策划"独占鳌头""投桃报李"之类的"高考名菜"。

"高考经济"呼唤理性消费

不可否认，作为热点经济的一种，"高考经济"确实起到了"拉动内需"的作用。然而其日益红火甚至是过度发烧的现象值得社会进一步反思。

记者简单计算了一下，从考前购买教辅材料和营养品，到考试期间住宾馆、打车，再到考后的"谢师宴"和旅游，一圈下来，少说也要四五千元。这对普通工薪家庭来说，确实是一笔不小的负担。

家长为了孩子的将来一掷千金，商家看准时机，用特色服务招揽顾客，这些本来都无可厚非。然而，"高考经济"中存在的盲目消费、从众心理和攀比之风恐怕就不能等闲视之了。专家呼吁，家长应该保持理性，避免因攀比和盲从导致的畸形消费，只有这样，考生才能真正体会到只有真才实学才是高考制胜的最大法宝，而"高考经济"也能健康长久地"热"下去。

第三，就是当时已经改革开放二十多年，人民的生活水平大幅提高，对下一代的教育更加重视。

从小平房到大楼房、从旧自行车到小轿车、从单调的穿戴到风格各异的服饰、从拿粮票排队到出入各种餐馆……从 1979 到 2009 年改革开放的 30 年，是新中国成立以来群众得到实惠最多的 30 年。

国家统计局公布的报告指出，改革开放的 30 年是我国城乡居民收入增长最快、得到实惠最多的时期。城市人均住宅建筑面积和农村人均住房面积成倍增加。群众家庭财产普遍增多，"吃穿住行用"水平明显提高。

一组数字显示：从 1978 年到 2007 年，全国城镇居民人均可支配收入由 343 元增加到 13786 元，实际增长 6.5 倍；农民人均纯收入由 134 元增加到 4140 元，实际增长 6.3 倍。人们告别了排队、凭票、缺货……而随着经济大发展，商品极大丰富，局面发生了根本转变。我国居民购买力不断增强，加快了商品升级换代，进而对国内市场的持续繁荣活跃起到重要支撑作用。我国城乡居民实现了从几十元向千元、万元级消费的升级，并开始向十万元甚至百万元级的消费提升。

经济水平的提升让人们从温饱步入小康，对文化教育特别是下一代人的教育就愈发重视。加上中国人自古以来就重视教育的传统，于是社会上从改革开放之初就有如"再穷不能穷教育，再苦不能苦孩子"的呼声，真到了不那么"穷"不那么"苦"的时候，教育产业、"高考经济"更是爆发式增长。

二、我们身边的"高考经济"

什么可以算作"高考经济"的范畴？其实也是经历了几十年的发展历程。从最初的仅仅局限在"高考培训班""高考教辅材料"，到后来的各类所谓保健益智食品、按摩器材、心理辅导等，再后来又拓展到"高考钟点房""考后旅游"等等。可以说包括了高考前、中、后的全流程。

【考前准备】

考前阶段，主要集中在备考教育应试教育这一块，包括考前辅导、教辅用书、心理减压、强身健体等方面。

先是社会上如雨后春笋般涌现的各类高考辅导班。此后，随着互联网的发展，高考辅导班逐渐从线下转移到线上。线上以科目辅导为主，线下则火了一些高中的高考定点训练，如现在著名的衡水中学等。

拿目前最火爆的在线教育来说，知名品牌很多，高考服务产品更多。如高考网、全品高考网、高考资源网、学优高考网等。甚至还有手机 APP 产品如"我要查高考"等，利用手机的语音搜索功能，说出"我要查高考"就可以直达相应页面。专题内包含"名师押题""历年高考真题""院校大全"等内容。另外还有更为精细化、专业化的培训服务，比如在艺考界，就有"美术宝""艺考就过""艺考帮"等网站或 APP，提供关于艺术报考的相关资讯，帮助学生有针对性地报考。

传统的教辅材料也不甘落后，例如高考学生必买的"五三"，即《五年高考三年模拟》，一套的售价在 300 多元，按照 900 万考生的规模，仅这一款辅导用书就高达 27 亿的市场规模。以平均每个考生在高三一年购买 3 套辅导书计算，高考辅导用书起码在百亿的市场规模。而不仅仅学生要用书，老师也要有配套的教师版本用书，再结合其他类型的高考边缘题材书籍（例如高考写作常被学生引用名言的名著、诗词集、名人名言集等书籍），综合来看这个市场规模或在 500 亿以上。

中国高考除了要考的高，志愿也要报的好。而在大数据产业与各行各业结合的今天，大数据指导高考志愿也成了潮流。"优志愿""一起填志愿"等越来越多的互联网企业进入这个市场，各种高考资讯、志愿填报类的 APP 应用和微信账号蹿红，纷纷为志愿填报提供服务。在有的网站上填报志愿，资讯更加及时、选择更透明，不仅能实时获得报考数据，而且还有最佳匹配院校推荐等资料。

学生考前真的需要这么多服务吗？以北京地区普通高中为例，每个学生高三能做完 2 套题库，已是不错。更多的时候，是学生在老师的带领下，挑着做。而老师也很无奈，每套辅导书都有优缺点，只能采用多套书籍之间的取长补短，来带着学生进行最全面的复习。事实上，对于考生家长来说，花几百块钱让孩子提高哪怕 1 分都是值得的，这几百块钱的教材钱，家长们都乖乖地掏了腰包。

而对于考前辅导教育来说水份更大，高级职称教师的一对一指导基本都是千元一堂课左右的起步价格，学生每周末上一次课，2 个月就接近万元开支，而一学年下来，就将高达四五万元，这还仅仅是一个学科，而对于部分名校的老师来说，其价格更甚。而从学生的实际感受来看，往往前几次课是受益最大的，后面的课已经成为了一种习惯或者"占坑"思想。有些辅导班推出的课程，前几堂课都是水份，真正的价值卖点在于临近高考前才会给出的一份高押题命中率的模拟题，为了这份可能提高几分的题目，几千元甚至上万的报名费，也都不得不掏了。

就连宗教文化传统与迷信思想也在不断的挖掘高考市场。每年高考的时候，各地所在的寺庙香火都会比往常要旺很多。据成都文殊院寺庙相关人员介绍，每年的高考期间，都有很多家长带着孩子来庙里祈福、捐功德，希望孩子高考顺利。而像孔庙这种文化核心的地方更是大家争相膜拜的焦点，每年香火甚至卖到断货。就连在线算命网站都是访问量激增，以至于近日传出了"进考场要先迈右脚"的热点与笑点。

此外，每到高考之前的一段时间，电视上的保健品广告多了起来。各种健脑丸，各种补心液，一个药丸可以包治一切偏科、数学不好、分数低、心情低落等各种高考考前综合症。每年考前，家长都会把各大保健品机构销售数据拉上好几番。尤其是在保健品广告的诱导下，强加给家长一个责任，就是孩子考的不好一定是你没给孩子吃各种丸。深海鱼油、蛋白粉，什么高档家长买什么，这直接催生了一大批靠卖学生保健品为生的企业，其惯用的营销策略是请某个状元去代言。这些保健品价格最低的几十元，最高的有五六百元，而实际是国家从未有批准过补脑、提高智商等功能的保健食品，且国家批准的改善记忆、缓解体力疲劳、增强免疫力等功能的保健食品不适用于补脑、提高智商等缓解脑力疲劳。

【考试冲刺】

高考的考试阶段，虽然只有短短 3 天时间，却也造就了大量借助天时地利谋取暴利的"吸血鬼"。其中最典型的就是酒店宾馆行业。

每年的高考期间，考点周边的宾馆都是一房难求的局面，价格翻番已经习以为常。平日里 200 元—300 元一天的快捷酒店，高考期间的钟点房都能卖到这个价格。而若是过夜，动辄 500 元起。对于住在城市中的孩子来说，炎热的午间需要个休息纳凉的地方，对于部分农村到县城赶考的孩子来说，则需要两天都住在宾馆。而像北上广这种车多的城市，为了时间不浪费在路上，在考点周围开小时房休息已成为众多家长的首选。宾馆房间顿时一房难求，而周边的很多小区居民也打起了自己的小算盘，纷纷用自家房间做收费午休房间来分一杯羹。

高考期间餐饮业也没闲着，在高考期间涨价，即使是 30 元一碗青菜面，为了有个休息的地方或者是节约中午时间让孩子能更好地休息复习，家长也不得不掏这笔钱。甚至在部分城市，出现了在肯德基、麦当劳这种连锁餐饮店进行"收费让座"的团伙，他们通过占领连锁餐厅桌位，向考生及家长收取"让座费"的方式来牟取利润。对此商家也十分无奈，由于害怕这些人闹事，商家也不好意思将他们轰出去，处于敏感时期，都有"多一事不如少一事"的经营思想，生怕成为考生写作文的负面题材。

甚至于学校周边卖冰镇饮料、卖矿泉水的，都纷纷打起小算盘。即使是报纸都可以从 1 元被炒到价格翻倍，只因为有家长坐树荫下休息需要报纸垫屁股。一年就这么两三天，不狠狠赚一笔就亏了，已经是部分小老板的生意良方。

【考后撒欢】

高考之后的假期，是每个学生生涯中最长的假期。第一次拥有了这么多可以自由挥霍的时间的学生，也带来了巨大的商机。总结起来就是三个方面：看一些没看过的风景、做一些以前没时间或不敢的事情、学一些一直想学的知识或技能。

提到假期，大家的第一反应就是旅游。从距离上讲分为周边游到跨省旅游再到出镜游，从形式上讲有自由行有跟团游、有游学、有纯玩。高考后近乎 3 个月的时间，足够考生们去好几个地方玩，跟父母、跟同学，亦或者找远方的亲戚们。从高考"解放"出的大批考生作为"生力军"，为进入淡季的旅游市场重新注入了活力，旅行社自然是喜形于色，此间多家旅行社适时而动，推出了各类旅游线路供考生选择。而很多商家推出的往往是噱头大于内容，由于学生的扎堆放假，服务行业价格自然是水涨船高，甚至于高三正好是大部分人满 18 岁的年纪，考后的网吧都是爆满的局面，充斥着大量考后学生。

每年高考后，学车的人也一下子多了起来。由于国家政策的规定，学车往往需要 1 个半月以上的时间，因此考后学车的人也多了起来，不管以后买不买车，先学了领个证已经成为大家的共识。与此同时，美容美体市场也是火爆。每年高考考完之后是所有美容机构的高峰期，如果考得好，家长会送你一个整形大礼包。以武汉某个知名整容医院为例，在生意最火爆的时候，高考后会做 50 多单生意，一个暑假做个 800—900 例是很正常的，要知道，一次整容都需要花费上万元数万元不等，光是一个暑假每家医院就会有上千万收入。而像做头发、整牙、视力矫正等行业，也进入一波高潮。

各类的兴趣班，以及大学入学前的学前教育也都在消耗着每一个家长的腰包。考前学习，考后继续学习，也是众多学生的路径。大学里的竞争相比高中更加激烈，除了成绩要好，还更看重社交能力。大家拼分数、拼才艺甚至拼女友，说到底都是拼命。大学校园并非是那么单纯青涩的地方，相比小初高的校园，大学更接近社会，在这里每个人的一切优势都可以带来竞争优势，而有心的学生与家长便开始提前布局。而对于这 3 个月的时间，年轻人也有自己的想法，由于年龄过 18 岁已成年，也会去追求更多自己喜欢的东西，例如学学乐器、画画、舞蹈等。高考后的教育市场，已不再单单是为了一个分数，而是为了走上社会的起步高于他人而去学习去努力。这个时候的学习，或许是很多年轻人真真正正为自己学习的时候。

高考后的市场，经营的是学生迈向社会的前奏。有些人是真正学到了东西、长了见识、美了自己，而有些人则是被社会上种种不良商家坑了一圈，彻彻底底地长了教训。

附：

国务院关于深化考试招生制度改革的实施意见

国发【2014】35号

各省、自治区、直辖市人民政府，国务院各部委、各直属机构：

　　考试招生制度是国家基本教育制度。党的十八届三中全会对考试招生制度改革作出全面部署，今年《政府工作报告》提出了明确要求。改革开放30多年来，我国考试招生制度不断改进完善，初步形成了相对完整的考试招生体系，为学生成长、国家选才、社会公平作出了历史性贡献，对提高教育质量、提升国民素质、促进社会纵向流动、服务国家现代化建设发挥了不可替代的重要作用。这一制度总体上符合国情，权威性、公平性社会认可，但也存在一些社会反映强烈的问题，主要是唯分数论影响学生全面发展，一考定终身使学生学习负担过重，区域、城乡入学机会存在差距，中小学择校现象较为突出，加分造假、违规招生现象时有发生。为贯彻落实党中央、国务院决策部署，现就深化考试招生制度改革提出如下实施意见。

一、总体要求

　　（一）指导思想。

　　高举中国特色社会主义伟大旗帜，以邓小平理论、"三个代表"重要思想、科学发展观为指导，全面贯彻党的教育方针，坚持立德树人，适应经济社会发展对多样化高素质人才的需要，从有利于促进学生健康发展、科学选拔各类人才和维护社会公平出发，认真总结经验，突出问题导向，深化考试招生制度改革，为办好人民满意的教育、建设人力资源强国提供有力保障，为实现"两个一百年"奋斗目标和中华民族伟大复兴的中国梦提供强有力的人才支撑。

　　（二）基本原则。

　　坚持育人为本，遵循教育规律。把促进学生健康成长成才作为改革的出发点和落脚点，扭转片面应试教育倾向，坚持正确育人导向，践行社会主义核心价值观，深入推进素质教育，培养德智体美全面发展的社会主义建设者和接班人。

着力完善规则，确保公平公正。把促进公平公正作为改革的基本价值取向，加强宏观调控，完善法律法规，健全体制机制，切实保障考试招生机会公平、程序公开、结果公正。

体现科学高效，提高选拔水平。增加学生选择权，促进科学选才，完善政府监管机制，确保考试招生工作高效、有序实施。

加强统筹谋划，积极稳妥推进。整体设计从基础教育到高等教育考试招生制度改革，促进普通教育、职业教育、继续教育之间衔接沟通，统筹实施考试、招生和管理制度综合改革，试点先行，稳步推进。

（三）总体目标。

2014 年启动考试招生制度改革试点，2017 年全面推进，到 2020 年基本建立中国特色现代教育考试招生制度，形成分类考试、综合评价、多元录取的考试招生模式，健全促进公平、科学选才、监督有力的体制机制，构建衔接沟通各级各类教育、认可多种学习成果的终身学习"立交桥"。

二、主要任务和措施

（一）改进招生计划分配方式。

1. 提高中西部地区和人口大省高考录取率。综合考虑生源数量及办学条件、毕业生就业状况等因素，完善国家招生计划编制办法，督促高校严格执行招生计划。继续实施支援中西部地区招生协作计划，在东部地区高校安排专门招生名额面向中西部地区招生。部属高校要公开招生名额分配原则和办法，合理确定分省招生计划，严格控制属地招生比例。2017 年录取率最低省份与全国平均水平的差距从 2013 年的 6 个百分点缩小至 4 个百分点以内。

2. 增加农村学生上重点高校人数。继续实施国家农村贫困地区定向招生专项计划，由重点高校面向贫困地区定向招生。部属高校、省属重点高校要安排一定比例的名额招收边远、贫困、民族地区优秀农村学生。2017 年贫困地区农村学生进入重点高校人数明显增加，形成保障农村学生上重点高校的长效机制。

3.完善中小学招生办法破解择校难题。推进九年义务教育均衡发展，完善义务教育免试就近入学的具体办法，试行学区制和九年一贯对口招生。改进高中阶段学校考试招生方式。实行优质普通高中和优质中等职业学校招生名额合理分配到区域内初中的办法。进一步落实和完善进城务工人员随迁子女就学和升学考试的政策措施。

（二）改革考试形式和内容。

1.完善高中学业水平考试。学业水平考试主要检验学生学习程度，是学生毕业和升学的重要依据。考试范围覆盖国家规定的所有学习科目，引导学生认真学习每门课程，避免严重偏科。学业水平考试由省级教育行政部门按国家课程标准和考试要求组织实施，确保考试安全有序、成绩真实可信。各地要合理安排课程进度和考试时间，创造条件为有需要的学生提供同一科目参加两次考试的机会。2014年出台完善高中学业水平考试的指导意见。

2.规范高中学生综合素质评价。综合素质评价主要反映学生德智体美全面发展情况，是学生毕业和升学的重要参考。建立规范的学生综合素质档案，客观记录学生成长过程中的突出表现，注重社会责任感、创新精神和实践能力，主要包括学生思想品德、学业水平、身心健康、兴趣特长、社会实践等内容。严格程序，强化监督，确保公开透明，保证内容真实准确。2014年出台规范高中学生综合素质评价的指导意见。各省（区、市）制定综合素质评价基本要求，学校组织实施。

3.加快推进高职院校分类考试。高职院校考试招生与普通高校相对分开，实行"文化素质＋职业技能"评价方式。中职学校毕业生报考高职院校，参加文化基础与职业技能相结合的测试。普通高中毕业生报考高职院校，参加职业适应性测试，文化素质成绩使用高中学业水平考试成绩，参考综合素质评价。学生也可参加统一高考进入高职院校。2015年通过分类考试录取的学生占高职院校招生总数的一半左右，2017年成为主渠道。

4.深化高考考试内容改革。依据高校人才选拔要求和国家课程标准，科学设计命题内容，增强基础性、综合性，着重考查学生独立思考和运用所学知识分析问题、解决问题的能力。改进评分方式，加强评卷管理，完善成绩报告。加强国家教育考试机构、国家题库和外语能力测评体系建设。2015年起增加使用全国统一命题试卷的省份。

（三）改革招生录取机制。

1. 减少和规范考试加分。大幅减少、严格控制考试加分项目，2015年起取消体育、艺术等特长生加分项目。确有必要保留的加分项目，应合理设置加分分值。探索完善边疆民族特困地区加分政策。地方性高考加分项目由省级人民政府确定并报教育部备案，原则上只适用于本省（区、市）所属高校在本省（区、市）招生。加强考生加分资格审核，严格认定程序，做好公开公示，强化监督管理。2014年底出台进一步减少和规范高考加分项目和分值的意见。

2. 完善和规范自主招生。自主招生主要选拔具有学科特长和创新潜质的优秀学生。申请学生要参加全国统一高考，达到相应要求，接受报考高校的考核。试点高校要合理确定考核内容，不得采用联考方式或组织专门培训。规范并公开自主招生办法、考核程序和录取结果。严格控制自主招生规模。2015年起推行自主招生安排在全国统一高考后进行。

3. 完善高校招生选拔机制。高校要将涉及考试招生的相关事项，包括标准、条件和程序等内容，在招生章程中详细列明并提前向社会公布。加强学校招生委员会建设，在制定学校招生计划、确定招生政策和规则、决定招生重大事项等方面充分发挥招生委员会作用。高校可通过聘请社会监督员巡视学校测试、录取现场等方式，对招生工作实施第三方监督。建立考试录取申诉机制，及时回应处理各种问题。建立招生问责制，2015年起由校长签发录取通知书，对录取结果负责。

4. 改进录取方式。推行高考成绩公布后填报志愿方式。创造条件逐步取消高校招生录取批次。改进投档录取模式，推进并完善平行志愿投档方式，增加高校和学生的双向选择机会。2015年起在有条件的省份开展录取批次改革试点。

5. 拓宽社会成员终身学习通道。扩大社会成员接受多样化教育机会，中等职业学校可实行注册入学，成人高等学历教育实行弹性学制、宽进严出。为残疾人等特殊群体参加考试提供服务。探索建立多种形式学习成果的认定转换制度，试行普通高校、高职院校、成人高校之间学分转换，实现多种学习渠道、学习方式、学习过程的相互衔接，构建人才成长"立交桥"。2015年研究出台学分互认和转换的意见。

（四）改革监督管理机制。

1.加强信息公开。深入实施高校招生"阳光工程"，健全分级负责、规范有效的信息公开制度。进一步扩大信息公开的内容，及时公开招生政策、招生资格、招生章程、招生计划、考生资格、录取程序、录取结果、咨询及申诉渠道、重大事件违规处理结果、录取新生复查结果等信息。进一步扩大信息公开的范围，接受考生、学校和社会的监督。

2.加强制度保障。健全政府部门协作机制，强化教育考试安全管理制度建设，构建科学、规范、严密的教育考试安全体系。健全诚信制度，加强考生诚信教育和诚信档案管理。健全教育考试招生的法律法规，提高考试招生法制化水平。

3.加大违规查处力度。加强考试招生全程监督。严肃查处违法违规行为，严格追究当事人及相关人员责任，及时公布查处结果。构成犯罪的，由司法机关依法追究刑事责任。

（五）启动高考综合改革试点。

1.改革考试科目设置。增强高考与高中学习的关联度，考生总成绩由统一高考的语文、数学、外语3个科目成绩和高中学业水平考试3个科目成绩组成。保持统一高考的语文、数学、外语科目不变、分值不变，不分文理科，外语科目提供两次考试机会。计入总成绩的高中学业水平考试科目，由考生根据报考高校要求和自身特长，在思想政治、历史、地理、物理、化学、生物等科目中自主选择。

2.改革招生录取机制。探索基于统一高考和高中学业水平考试成绩、参考综合素质评价的多元录取机制。高校要根据自身办学定位和专业培养目标，研究提出对考生高中学业水平考试科目报考要求和综合素质评价使用办法，提前向社会公布。

3.开展改革试点。按照统筹规划、试点先行、分步实施、有序推进的原则，选择有条件的省（市）开展高考综合改革试点。及时调整充实、总结完善试点经验，切实通过综合改革，更好地贯彻党的教育方针，全面实施素质教育，增加学生的选择性，分散学生的考试压力，促进学生全面而有个性的发展。2014年上海市、浙江省分别出台高考综合改革试点方案，从2014年秋季新入学的高中一年级学生开始实施。试点要为其他省（区、市）高考改革提供依据。

三、加强组织领导

（一）细化实施方案。各地各有关部门要高度重视考试招生制度改革，切实加强领导。教育部等有关部门要抓紧研究制定配套文件。各省（区、市）要结合实际制订本地考试招生制度改革实施方案，经教育部备案后向社会公布。

（二）有序推进实施。要充分考虑教育的周期性，提前公布考试招生制度改革实施方案，给考生和社会以明确、稳定的预期。及时研究解决改革中遇到的新情况新问题，不断总结经验、调整完善措施。

（三）加强宣传引导。要加大对改革方案和政策的宣传解读力度，及时回应社会关切，解疑释惑、凝聚共识，营造良好改革氛围。

中华人民共和国国务院

2014 年 9 月 3 日

第三章

中国高考的未来

第一节　高考制度的应试弊端

高考制度的重要性不言而喻，有利的一面显而易见。高考恢复 40 年来，以竞争性、大规模选拔考试的形式为高校选拔培养了众多合格人才，保障了高校招生的质量。高考被比喻为"中国教育体系的中枢神经"[①]。既然是中枢神经，对中国教育的方方面面则可以起到牵一发而动全身的作用。

从逻辑上讲，教育的理想状态应该是学校教什么、学生学什么，高考考什么。但从现实里看，往往是高考考什么，学校就教什么、学生就学什么。竞争激烈的高考引发考生和学校尽全力应试，高考"指挥棒"作用使得高考在一定程度上背离了初衷，诱导教育中出现功利主义倾向，产生应试教育问题。高考现行的"一考定终身"模式导致"唯分数论"，公众对学生负担过重、义务教育阶段择校等问题反映强烈。

举一个例子来证明高考在教学中的导向作用——1996 年 8 月 15 日《光明日报》第八版刊登《71 位中国科学院院士联名呼吁：务必十分重视 生命科学》，提出必须立即恢复理科高考中生物学应有的地位，尤其是对报考生物系及有关医、农等科系的考生，不得免考生物学，以保证生源和今后研究与教学的质量。忽视生物学的缘起在于，1994 年实行在会考基础上的"新高考"改革，按文理分科，实行"3+2"科目组合，将地理、生物和政治（理科）等科目与高考"松绑"，不再列为必考科目。由于应试教育和取消生物学考试的影响，中学生不重视学习生物学，中学生物学教师工作不安心、教学内容落后、实验教学设备匮乏等状况，严重影响中学生物学教

---

① 刘海峰在《高考改革论》中提到，教育部原部长袁贵仁有一个比喻来形容高考，中国整个教育体系就像人体，有呼吸系统、循环系统、神经系统等，各种教育制度都有其重要性，而高考则是中国教育体系的中枢神经。

学质量。①这是现实中对"考什么才教什么、不考什么才学什么"的最生动的演绎。

当教育被考试牵着鼻子走，学生便很容易沦为应试教育的受害者。长期的、大一统的高考形式，"千校一卷"的考试内容，"12年抓分数，1天定人生"的高考模式，在很大程度上扭曲了教育"十年树木，百年树人"的愿景，已经跟不上我国对层次多样、需求各异的人才的选拔要求了。著名的"钱学森之问"——"为什么我们的学校总是培养不出杰出人才？"一直以来引起人们的思索。这个问题与"李约瑟难题"遥相呼应，叩问了中国教育体制难以培养出发明创造型人才的深层原因。

对于应试教育的明显弊端，我们可以总结为以下几点：

第一，抹杀个性，磨灭天赋。美国哈佛大学教育研究院的心理发展学家霍华德·加德纳（Howard Gardner）1983年提出多元智能理论。与传统智力理论认为语言能力和数理逻辑能力是智力的核心不同，而多元智能理论认为，我们每个人拥有语言文字智能、逻辑数理智能、视觉空间智能、身体运动智能、音乐旋律智能、人际关系智能、自然观察智能和内省智能等8种智能，不同的人会有不同的智能组合。而实践证明，每种智能在人类认识世界和改造世界的过程中都发挥着同等重要的作用。比如：建筑师及雕塑家的空间感（视觉空间智能）比较强、运动员和芭蕾舞演员的身体运动智能比较强。

整齐划一、分数至上的应试教育评价机制，单纯依靠用纸笔的标准化考试来区分学生智能的高低，过分强调了语言智能和数学逻辑智能，难以考核学生的多元智能，否定了同样为社会需要的其他智能。

在"差一分就上不了大学"的高考现实面前，教师和家长只能逼迫孩子在高考考试科目上下功夫，中学的教学奔着高考试卷去进行。一套套的复习提纲和应试题目挤压了孩子们的所有时间和精力，没有时间去发展个性和特长，孩子们身上的许多重要潜能得不到开发，本来是多种多样的人才苗子偏偏被同一个模子刻出来。

---

① 郑若玲：《试析高考的指挥棒作用》，《厦门大学学报》（哲学社会科学版）2002年第2期。

"全世界有多少美术大师，有多少个美术家，有几个能通过我们的政治考试和外语考试，非要用一个尺度去衡量各种各样的人才，真正这一行需要专长的人才就被扼杀了。"中国工程院秦伯益院士在做客腾讯科技《院士访谈》栏目时谈到，应试教育的弊病影响国家的长远发展。

经济社会发展后，社会对人才的需求是多样的，这决定学校教育的培养标准应当多样化，高考遴选应当多元化。

第二，妨碍创新思维的发展。教育的要义在于点燃智慧，启发思维。教孩子如何在陌生领域寻找答案，将孩子的目光引向校园外无边无际的知识海洋，是教育最终要达到的目的。在互联网时代，知识可以一键获得，把过多的时间放在知识的死记硬背上，妨碍了开放式思维的培养。

反叛、挑战、怀疑和否定，是创新机制形成的精神基础。教育最应该培养的是学生的怀疑、探究精神，培养学生的思考、比较、辨别能力。但应试教育对反叛和怀疑低容忍，倾向于用统一标准去要求学生。比如有些高中在"备战"高考期间对学生实行准军事化管理，学生整天泡在题海里，有如"考试机器"，学校更像"高考工厂"，片面追求升学率，扭曲了高中教育的目标。用统一的标准在生产线上生产出来的器件是好器件，用统一的标准去塑造人才不是好办法。应试教育削弱儿童的想象力、原创力以及探究好奇的动力。一个不容忍、欣赏和接纳反叛怀疑精神的教育体制，自然不可能培育具有创新精神的人民，"中国制造"想要蝶变成"中国创造"，自然也没有合适的土壤。

比如文科教育，其思想性明显，既包含对人生和社会问题的思索，也包含对人性的思考和回答，没有标准的答案，需要批判性的思维。但应试教育需要全国同龄孩子在基本相同的课程里，用基本相同的教材，做基本相同的习题，使用模式基本相同的试卷进行考试，特别是评分标准基本相同，这套应试制度容易把学生的思维引进死胡同。

第三，导致青少年视野狭窄。所谓"持谦谨者成大器，怀天下者立远功"，但应试教育体制认可的"分数才是硬道理"，将分数抬到一个无比重要的地位，把学生的视野、思维乃至行为准则拴在狭小的教科书、课桌和校园中，容易造成青少年狭隘的视野和眼界。

　　高度竞争的应试，使学校和家庭把目光聚焦在孩子的升学考试上，从小学到大学都在为考试分数斤斤计较，忽视了对孩子人生终极目标的引领。只顾眼前的后果是，让青少年缺少大视野、大气度和高境界。功利性的目标，如上名牌大学、找好工作、升官发财成为刺激孩子欲望的要点。这种教育环境下培养的孩子难免狭隘自私、只顾自己，缺少高尚的思想境界。这种教育培养出来的精英也容易成为精致的利己主义。

　　应试教育把应试和谋生树为一个个目标，学生从小心中充满了对应试和谋生的焦虑。不断为学历、职称和职位而奋斗，但自己究竟怎样才能活得快乐、精彩，能为他人、社会乃至整个人类带来怎样的价值，却是无暇思考的，也许这也是应试教育培养不出一流人才的深层原因。

　　第四，打击多数孩子的自信心。自信心是相信自己有能力实现目标的心理倾向。自信心可以将人的一切能力调动起来，将积极性和主动性调动到最佳状态。一个充满自信的孩子，往往处世乐观进取，做事主动积极，勇于尝试，乐于挑战；反之，如果缺乏自信，就往往在一事当前退缩、胆怯、悲观、被动、犹豫不决、不善交际。

　　以考试成绩论英雄的应试教育，能使个别"尖子生"在学习的过程中不断体验到成功的喜悦和学习的兴趣，自信心不断得到强化。但很容易使多数成绩不拔尖的孩子产生"我不如别人"的自我意识。多数学习成绩处于中下游的学生，往往会形成"我不是人才"的消极信念和自卑心理，从而抑制潜能的发挥。

　　作为一个生理和心理都不成熟的孩子，经受"不自信"的打击和伤害，学校的"失败体验"，在很大程度上削弱了他们的自信心，在被"分数"打倒的同时，他们也在心理上打倒了自己。于是，学校在造就少数"成功者"的同时，造就了大批的心灵自卑的"失败者"，埋没了一大批学业有专长、术业有专攻的人才。

　　第五，消磨孩子的学习兴趣。科学家丁肇中用6年时间读完了别人10年的课程，最后发现了"J粒子"，是第一位获得诺贝尔奖的华人。记者问他："你如此刻苦读书，不觉得很苦很累吗？"他回答："不，不，不，一点儿也不，没有任何人强迫我这样做，正相反，我觉得很快活。因为有兴趣，我急于要探索物质世界的奥秘，比如搞物理实验，因为有兴趣，我可以两天两夜，甚至三天三夜呆在实验室里，守在仪器旁。我急切地希望发现我要探索的东西。"

学习的优秀，人生的成功，在很大程度上要依靠兴趣和决心。哈佛大学校长陆登庭在"世界著名大学校长论坛"上说："如果没有好奇心和纯粹的求知欲为动力，就不可能产生那些对人类和社会具有巨大价值的发明创造。"

人若志趣不远，心不在焉，虽学无成。真正的教育，应当善于激发孩子的学习兴趣。应试教育机械的教学机制，以被动被迫的学习形式，无休无止的补课，不断消磨着学生的学习热情。他们常常体验到老师和家长的逼迫或没有完成预期任务遭到的责备，面对的是长时间的上课、做作业和起早贪黑带来的身心疲惫。更让孩子郁闷和痛苦的是，他们几乎无法按照自己的兴趣去学习，没有时间去读自己喜欢的书，没有时间去做自己喜欢的事。趋利避害是人的本能，如果学习带给孩子的都是痛苦的体验和回忆，那么他们怎么能够不厌恶学习呢？

第六，损害身心健康。近年来，中小学生患抑郁症、自闭症等精神疾病的数量越来越多，弑师、中小学生离家出走、沉迷网络、心理变态、性格畸形的情况也不乏其例。21世纪教育研究院、社会科学文献出版社联合发布的2014年教育蓝皮书《中国教育发展报告（2014）》显示，57例报道了明确自杀原因的案例显示，"成绩下滑或不理想""教师行为失当""作业没完成""家长期望值过高""被家长批评"等是导致学生自杀的最主要的直接原因。

自杀是压力过大瞬间崩溃的极端案例。应试教育的运行机制是，上级向学校定升学指标，学校向老师要平均成绩，老师向学生加课外作业。于是，越来越多的作业、补课挤压了孩子的课余时间。畸形的应试教育制度和沉重的学习压力让孩子过早丧失了童年的乐趣，使他们的心理很不舒展，不舒展就容易发生"病变"。

中小学生年龄小，心理脆弱，教育一旦违背循序渐进的教育规律，学校和家庭共同以考试分数和考试排名对中小学生施加巨大的压力，中国孩子精神负担过重引发的"精神疾病"和"性格畸形"有可能加剧。

此外，另一个反常现象是，中国孩子的营养状况不断提升，但体质体能却不断下降。为了升学率竞争排名，多数中小学校的课程表都超标。教育部对全国中小学生体质体能的最新检测结果也显示，在学生营养状况改善的情况下，学生的速度、爆发力、耐力、肺活量却持续下降，超重及肥胖检出率上升，初高中视力不良率分别达到58%和76%。

应试教育的弊端非常明显，片面应试在一定程度上造成智育一枝独秀，并扭曲了高中教育的目标与理想，被人们批评为"考试地狱""异化的高考"。那么，全社会形成应试风潮，高考在其中扮演什么角色、发挥什么作用？高考对学生、家庭、社会产生的压力到底有多大？对教育的异化到底有多严重？为什么会产生这样的压力？

实际上，应试体制对我国教育的捆绑并非一朝一夕形成。"文化大革命"推翻了中国17年的旧教育制度，"文革"后推翻了"文革"期间的教育制度，单纯的反复推翻所导致的结果之一是，"以高考成绩作为进入高等学校唯一考核标准的做法，导致了全国上下片面追求考试分数成风，不仅给青少年的身心发展带来很大危害，而且出现了'高分低能'等普遍但是典型的现象"。[①]

高考的竞争、受高等教育机会的竞争实质是社会地位的竞争。近年来，许多行业的竞争日趋激烈，高考竞争加剧，归根结底是当今越来越激烈的社会竞争的反映，倾斜的高考分数线是教育资源区域分布不均匀的反映。高考使很多问题凸显出来。在一定的社会背景下，很难使升学考试竞争激烈程度单独降下来。

分数面前人人平等是高考招生录取的"铁律"，我国高校招生录取模式一度被称为"招分"，招到的学生是一个分数代码：省级招考部门根据招生计划以及考生成绩，按照一定比例划定各个录取批次的最低控制线，然后向高校投档，高校按考生分数从高到低依次录取。在一个个分数代码下，学生的特点和专长均被掩盖。假设两位考生，学生甲高考总分600分，数学成绩

---

① 宋术学：《建国以来我国高考制度的变革与发展》，《清华大学教育研究》2005年第S1期，第106页。

满分；学生乙高考总分 610 分，但数学成绩比学生甲低 30 分。在两人都报考某大学数学系、录取分数线在 605 分的情况下，学生乙会被录取，而学生甲肯定落榜。在这种情况下，应试教育被推向极致，尽可能取得高分成为学生不二的选择。无论有多么出色的专长，无论在某方面有多么过人的才智，统统要在以总分为代表的分数代码里黯然失色。

除了高考招生录取制度对应试教育的助推作用，应试教育的许多问题和现象根源在于中国人顽强的积极向学传统以及强烈的望子成龙、望女成凤心态和教育价值观。中国历代重视教育，视教育为民族生存、国家安定的命脉。《学记》开宗明义说："建国君民，教学为先。"把教育摆在立国的首要位置。春秋战国时，孔子首开私学之风，各派名家也都设馆收徒，社会上形成了一种学习的风气。所谓"学而优则仕"，"书中自有黄金屋，书中自有颜如玉"，一千三百多年间，科举取士以考促学，中国自古形成了读书重学的浓厚风气。万般皆下品，唯有读书高，这是中国几千年来的人才观。即使是移居其他国家的华人，在子女教育方面，也明显更加热切。2011 年 1 月，美籍华人、耶鲁大学法学院教授蔡美儿在《虎妈的战歌》一书中描写了教育子女的中国文化传统。

高度重视教育、信奉读书至上的传统是影响中国高校招考改革的传统文化因素之一。尽管小学师生的课堂教学压力已明显减轻，许多家长依然要求学校对孩子多加管教，或在晚上及休息日另找家教补习。看看我们周围的家长如何牵挂子女的学习成绩，如何"拼爹拼妈"为子女进重点学校奔走努力，如何放下一切事务到校参加学校召开的家长会，便会明白，中国人高度重视教育的价值观是全社会形成浓厚应试教育风气的深层次原因。然而，不顾子女实际条件，过高的期待，过度过严的要求会给孩子造成过重的学习负担和心理负担，也把社会推向全民应试的状态。

综合应试教育所产生的高考历史原因、高考制度设计缺陷以及文化传统原因，我们可以看到，文化传统因素具有长久的稳定性，并非一朝一夕可改，但是我们可以从高考制度顶层设计入手，从改变高考的考试内容、招生录取程序开始，发挥高考的指挥棒作用，改变社会应试教育风气，把学生从应试教育的"樊笼"中释放出来。

应试教育奇迹屡惹争议

一提到应试教育，不得不提到将应试这一"技能"发挥到极致的典型——"高考神校"。提到这些"神校"，人们都怀有神秘感，事实上，通过这些学校的特殊训练，大多数孩子的高考成绩的确有提高，有些甚至是大幅度提高。一些望子成龙的家长，也是费尽心思把孩子放到这些学校里接受"魔鬼式训练"。那这些"神校"到底如何，我们来看看媒体的报道。

2015 年 4 月，人民网刊载了一篇题为《中国五大高考神校》的文章：

人民网讯：近日，有媒体报道了昔日缔造"高考神话"的黄冈中学辉煌不再，引发了网友的广泛热议。高考日益临近了，不妨盘点一下那些曾经的或现在的高考"神校"们，他们都缔造过应试教育的奇迹，但屡惹争议，时不时就抢了头条。

1. 湖北黄冈中学

黄冈中学位于湖北省黄冈市，创建于 1904 年。

20 世纪 80、90 年代，黄冈中学高考一直保持 98% 以上的升学率和 75% 左右的重点大学录取率，60 余次夺得省、市文理科状元，先后有 700 多名学生保送至北大、清华等著名大学深造；参加各类中学生学科竞赛，有 3000 多人次获国家级奖励，200 多人进入全国冬令营，100 多人入选国家集训队，先后有 15 名学生在国际数、理、化奥林匹克竞赛中获得 18 枚奖牌，从而被誉为高中教育"神话"。

"黄冈模式"成为当时社会热议的对象，其虽然创造了应试教育奇迹，但扼杀学生个性、题海战术、拔苗助长的做法也令其毁誉参半，但显然在全国范围内，追捧者众多，每年各地高中参观取经的队伍几乎挤破了门槛。

荣耀了近 30 年的黄冈中学，近年来似乎正逐渐走下"神坛"，有数据显示，自 1999 年后，黄冈中学再未出过省状元，2007 年以后，再也没有学生拿到过国际奥赛奖牌，截止到 2013 年的近十年，黄冈文理科 600 分以上的有 8503 人，仅占全省 12.1%，与人口比大致持平。

另一组数据是，近 14 年来，湖北省高考状元产地统计中，28 个文理科状元，其中武汉 8 个，襄阳 7 个，荆州 4 个，黄冈仅 1 个。

2. 河北衡水中学

衡水中学始建于 1951 年，位于河北省衡水市。

有"超级高考工厂"之称的衡水中学，每年有上百名学生以高分考进北大、清华等名校，"一本上线率 86.6%，二本上线率 99.3%"令其声名远扬，但其封闭管理和量化考核之严苛也备受质疑与批判。

媒体曾发布数据称，七成网友不认可衡水中学模式，认为其通过封闭管理和量化考核的手段，已经成为一座"高考工厂"。

在多元取材、个性发展越来越成为教育通识的今天，僵化刻板、扼杀学生天性的衡水中学教育模式，多少显得有点老旧而不合时宜。可放眼全国，像衡水中学这样的"高考工厂"并不鲜见。

3. 安徽毛坦厂中学

毛坦厂中学位于安徽省六安市毛坦厂镇，创办于 1939 年。

目前该校拥有在校生超 2 万人，由于学校办学规模庞大，2013 年高考出现数万家长送考场面，备受社会关注。

而其最风光的无疑是高考业绩：2013 年高考考生 11222 人，一本达线 2503 人，占 22.3%，9312 人过本科线，达线率 82.3%……连续 4 年都保持如此水准；2014 年招 46 个复读班总计近 8000 人，最高学费达 4.8 万元；学生复读平均提升分数近 100 分，原来只够上专科的也能跃升一本；高中总学生人数超 2 万，加上大量陪读家长，被网友封为"亚洲最大的高考机器"；以管理严格著称，被学生称为"地狱"，但生源仍源源不断……

而美国《纽约时报》的一篇深度探访报道，更是令其蜚声海内外。

4. 河南郸城一高

郸城一高坐落于中国书法之乡——郸城新华路，创建于 1951 年。

在过去的两三年，郸城一高以超过 30% 的一本高考升学率闻名全国，和衡水中学、毛坦厂中学一样，被称为"高考工厂"。

走进郸城一高校园，如同进入临战前的军营，各种横幅、标语几乎布满校园，空气中都能闻见"高考"敌人带来的火药味——"要成功，先发疯，下定决心往前冲""尊严来自实力，成绩源于实干，别人在拼杀，你在干什么""今天，你努力了吗？别丢了野心和欲望""眉毛上的汗水和眉毛下的泪水，你选择哪个"……

对郸城一高的学生来说，"考试多、密度大"是每天生活的常态。从 5 月 20 日开始到 6 月 5 日，两天一轮全仿真考试，完全像高考一样。2013 年考上清华大学的陈昭文这样描述："一个月 76 场考试，写了 28 张英语卷子，13 张理综卷子，数学题集记了 20 多页……"

5. 辽宁本溪高级中学

本溪市高级中学始建于 1953 年，是建国后本溪市创办的第一所独立高中，是辽宁省首批重点中学之一。

自 1999 年以来，该校学子考入清华、北大、科技大等著名学府的优秀学子逐年增多，本科录取率由原来的 95% 达到了百分之百，重点大学录取率由 62%，上升到了 84%。尤为突出的是 2003 年高考，创下了高中建校史上最为辉煌的纪录，在辽宁省重点高中协作校排名中获得了高考总平均分第一，600 分以上高分人数第 的好成绩。

2014 年，本溪高中因高考违规加分事件轰动全国。辽宁有体优生 1072 人，其中，本溪市高级中学一所中学就有 87 人，被称为体育加分"神校"。该校有 25 名游泳二级运动员，但被曝体育课不上，连游泳池都没有。

《中国教育发展报告（2017）》

家长期待的学校教育什么样？高校学生主体组成现在有何变化？2017 年 4 月 18 日，21 世纪教育研究院、社会科学文献出版社联合发布的《中国教育发展报告（2017）》（即"中国教育蓝皮书"）给出了答案。

多半家长认为学校应试教育倾向严重

《中国教育发展报告（2017）》显示：半数以上家长认为当前孩子所在学校应试教育倾向严重，学校在"注重孩子全面发展"上做出改变，成为家长呼声最高的诉求。

由 21 世纪教育研究院与腾讯教育频道联合发起的家长对学校满意度调查，共有 13561 位家长参与，其子女就读学校分布于 31 个省区市。经统计，家长对学校教育满意度的整体均值为 3.54 分，满分为 5 分。该项调查的测算主要综合了"家长认为孩子喜欢学校的程度""家长对于孩子在目前学校上学的乐意程度""家长对孩子所在班级老师的满意程度"三项指标。

调查显示，家长满意度与子女就读地区教育发展水平并非完全相关。获得高评价的吉林、广东、重庆、湖南等地，在学业质量检测中并非先进地区；而一些教育资源丰富的省份，如江苏和上海，家长对学校教育满意度却低于总体平均水平。专家表示，其原因值得深入研究，或许说明家长对学校教育的主观感受，更多来自师生关系、家校关系等软性方面，而非学业成就等硬指标。

从调查中家长对应试教育倾向的报告情况来看，就地区而言，西部地区学校的严重程度高于东、中部；就城乡而言，县城学校的应试教育倾向最为严重，高于地级市学校、省级市学校、乡镇学校和村级学校；从学段来看，中学阶段的应试教育最为严重。

值得重视的是家长对学校应试教育倾向的原因分析。家长认为，"以中高考为指挥棒的考试评价体系单一"和"校长、教师片面追求升学率"是学校应试教育倾向严重的两大最主要因素，然后依次是地方政府教育政绩观、家长片面追求分数、培训机构推波助澜。

调查显示，目前家长对学校教育呼声最高的是"培养学生全面发展"；"提升教师素质、教学质量、教学方法等软件"超过半数，排在第二位；"真正平等对待每一个学生"位居第三。不同学龄段家长和不同类型学校的家长期待的教育改变各不相同。幼儿园学生家长最期待学校"降低入学条件（门槛）""不乱收费"；中学生家长最期待学校"真正减轻学生课业负担"；县城学校的家长希望学校"减小班额"的呼声最高；村级学校家长在"提升硬件""杜绝学生欺凌、暴力事件"方面的诉求最为强烈。

家庭第一代大学生成高校学生主体

2016 年我国高等教育毛入学率达到 40%，在高等教育大众化后期向普及化早期转变的背景下，中国家庭第一代大学生（即父母均没有接受过高等教育的大学生）的数量不断增多，乃至成为高校学生的主体。同样值得关注的是，《中国教育发展报告（2017）》对 60703 个家庭第一代大学生的大学前经验、大学期间就读经验及其对学校的评价和教育收获进行了调查分析。

　　调查显示，中国家庭第一代大学生学习与发展和非第一代大学生在课堂外学习方面有着很显著的差异，他们课程成绩相差并不大，但课外活动相差极大。第一代大学生在学经历和学习状况表现为：传统教育的好学生；较少与他人交流和在课上表达意见；花更多的时间玩电子游戏；社交圈子小，较少得到他人的支持；较少参与课外活动。

　　调查结果显示：第一代大学生呈现出家庭社会经济地位、文化资本较低的特征。来自农村（69.74%）和非独生子女（70%）的比例均约七成，近八成（76.89%）的父母从事普通职业。第一代大学生在认真听讲等基本学习行为上表现尚可，但在课程硬性要求之外主动参与到讨论等学习活动上明显表现不足。和同伴、师生的人际互动不够，尤其是以丰富人际生活为目的的交往最差。在实习、社会实践、社区服务类活动上的参与度尚可，但在课程以外的语言学习、海外学习、辅修第二学位等拓展性学习活动上明显不足。此外，对和任课教师一起做研究、向期刊投稿，参加各类学术、专业、创业或设计竞赛等研究性活动，并不热衷。

　　清华大学教育研究院常务副院长史静寰表示，很多家庭随着扩招才产生了家庭的"第一代大学生"，第一代大学生父母的最高职业地位为农业生产人员和蓝领的所占比例为73.37%，他们逐渐成为中国本科高校的主体。

　　针对调查所揭示的问题，史静寰建议，首先要重点促进他们参与扩展性学习、研究活动；其次，要加强任课老师和辅导员在他们人生发展上的指导，建构良好的师生环境；最后，学校要为学生提供更多支持（经济支持、成长指导、社交支持），同时还要通过宣传和服务，提高学生使用资源的方便性。

第二节　关于高考改革的争鸣

高考是我国教育体系的一个重要环节，有其产生的必然性。高考至少具备三层重大含义：第一，这可能是一个孩子决定他的人生命运走向、人生高度和广度的重要时刻；第二，这是一个普通家庭改变命运且受到集体鼓励的机会；第三，这也是从国家层面调整各阶层利益格局的公平竞争时刻。[①]

高考改革涉及千家万户，关乎每个学生和家庭的切身利益。有关高考改革的各种争论大致可以分为激进派和稳健派。主张彻底改革高考或废止高考的激进派认为，高考制度引发的各种弊端积重难返，阻碍素质教育的推行和中小学课程改革；主张改良而不是颠覆高考的稳健派认为，高考只是各种矛盾的集合点，并非教育的万恶之源，以其他招生方式取代高考，矛盾更大，问题更多。

有人设想，取消高考，会是什么样？来自民间的调查结果压倒各种声音：绝大多数人对高考给予肯定，认为高考是我国现阶段保障社会公平的重要制度，必须坚持。同时，"文革"时期取消高考所带来的教育质量的严重后退也证明高考存在的必要性。

正如硬币有两面，高考制度与提高素质的关系实际上是双重的——既有诱导应试等阻碍素质教育的一面，也有促进学生素质提高的一面。无法否认的是，高考至少可以在以下几个方面提高学生的素质教育：

一、提高考生的学习能力

高考是一种历练，由于考生需要在两三天时间内将高中三年所学知识

[①] 李泓冰：《以公平的名义向高考致敬》，人民日报 2013 年 6 月 7 日。

及其能力水平体现出来，这必然要求学生提高学习能力、统筹安排时间的能力。

二、锻炼考生的心理素质。

一方面，作为关键性考试，高考所带来的心理压力能够为孩子提供磨练心理素质的机会。要想在高考中正常或超常发挥，必须学会调适自己的心理状态，这对孩子未来走向社会、参与竞争、处理棘手的事情提供了一次演练机会。

三、对考生进行品德教育。

从高考复习到进入考场，从选择学校和专业到接受大学的挑选，在一系列问题的处理过程中，考生都需要展现顽强拼搏的精神、平和的心态和诚实的态度去应对，而这些良好品德可以说是比知识本身更重要的素质。

审视高考的功能，首先要看其教育功能。高考对小学、中学教育教学体系发挥着调节作用，可以引导、规范中学的办学和教学方向，国家可以通过高考的科目设置、命题设计、考试内容来调控某些学科的发展、贯彻国家大政方针和思想意志。

由于高考涉及学生、家长、学校等各方利益，并与现实的政治、经济、文化、社会、科技等因素息息相关，其功能和影响超越了单纯的考试，"承载着整合教育系统、维系社会稳定的重任"[1]。除了教育功能，高考还发挥了复杂多面的社会功能。

首先，高考可以维护社会公平，促进社会安定。

"平等竞争"乃是考试制度的灵魂，"公平、公开和公正"则是考试制度的核心理念。从法理的视角讲，考试制度其实可以视为一种崇尚"程序正义"的程序制度，高考的公正和权威正是通过"正当程序"理念凸显出来的。[2] 由于高考制度的实行，"分数面前人人平等"，从理论上，贫富贵贱在这场大考前都是平等的。

---

[1] 刘海峰：《高考改革论》，杭州：浙江教育出版社 2013 年版，第 41 页。
[2] 刘武俊：《评论：立法以解考试制度之危》，《东方早报》2006 年 6 月 5 日。

其次，"朝为田舍郎，暮登天子堂"，高考可以促进中国社会各阶层流动。

通过高考，众多家境贫寒者或者农村子弟凭借自身刻苦努力有机会进入高等学府深造，还使得不同地区的人才得以跨区域流动。尽管每个人出生时面临的环境和境遇有所不同，但高考制度设置的目标之一是，努力创建公平规则来为每个人创造公平的教育机会；通过公平取士来鼓励寒门学子努力改变命运，合理调节社会阶层有序流动。

第三，高考也是我国完整教育系统内重要的一环。

有人说，高考就是一根"指挥棒"。的确，但"指挥棒"是个中性词，不存在褒贬。"指挥棒"用对了，可以起到正确引导举国教育体制乃至教育改革、国民素质的积极作用；相反，"指挥棒"指的不是地方，也可能造成教育方向上的偏差，说严重点可能会"误人子弟"。

当然，作为"指挥棒"的高考制度并非那么简单的非此即彼、善恶分明。如果把我国教育制度和这12年的教育体系比作一场盛大的交响乐，那高考这根交响乐的"指挥棒"，既能演奏出激昂的乐章，也在不经意间犯了一些差错，对整篇乐章产生了一些不和谐的音符。我们现在要做的，并不是一竿子把这个"指挥棒"抛弃掉，而是要总结以往的经验教训，让它在今后的指挥中更加得心应手、让教育这篇乐章演奏得更加辉煌。

由此可见，高考存在的正面意义是广泛而持久的。只不过任何一件事情都有其局限性和弊端，特别是随着中国社会在经济制度、家庭结构、人均收入、城镇化水平、高中教育普及程度等方面发生巨大变化，随着我国高等教育现代化、终身化和国际化，高考制度凸显的弊端更加明显，所面临的变革压力也日益增大。

我国当前高等教育已从精英化教育转向大众化教育。伴随这个改变，为选拔少数精英的高考模式也必然要发生变化。一考定终身、一分定终身的以选拔或淘汰为主的招考机制将逐渐转变为综合素质评价的招考机制。这既是教育发展的结果，也为继续推动高考改革深化提供了难得的机遇。

中国教育在线发布《2014年高招调查报告》。一系列统计数据表明：虽然今年全国高考报名人数实现了连续5年下降后的首次回升，但直到2020年前后，我国18岁适龄人口总体趋势下降明显。报告列举的一组数据形成鲜明的"剪刀差"：全国高考报名人数在 2008 年达到历史最高峰 1050 万后快速下降，随后两年部分省市曾出现 20% 的大幅度下降，但近年下降幅度趋稳，今年开始反弹。伴随着报名人数的不断下降，录取规模继续增长，2013 年全国高考录取率创新高，达 76%。

根据报告，北京高考报名人数已连续第 8 年下降，去年二三本招生计划均未完成；河南连续 5 年生源规模下降，高招计划已连续 2 年未完成；由于采取较为宽松的外来人口落户政策，广东高考规模连续 14 年基本保持增长，但仍多年未实现招生计划……从各地公布的数据看，"生源危机已蔓延至全国"，高等教育的供求关系正在发生深刻变化，曾经"一席难求"的大学不断降低门槛。上大学变得容易了，学生与家长有了更多选择。

根据中国教育在线的跟踪调查，近年来"985 高校"悄然调减招生计划，以确保生源质量；地处偏远地区的"211 高校"以及一些农林院校无人问津，不得不再三征集志愿。

高考是起点而并非终点，高考只是人生路上的一座山峰而已，有太多实例证明，高考即使失利，人生也未必不成功，社会提供了很多逆袭的机会。所谓高考"一考定终身"是一个似是而非的、不科学的提法。是否会使考生因为一次考试失利而终身一蹶不振并非取决于高考制度的好坏，而主要是取决于考生自己的态度和选择。因此，把所有教育问题的产生推之于高考是有失偏颇的。

几经存废之争、历时多年探索，高考依然是人民群众普遍认可、最符合国情、最体现公平的国家教育考试制度。高考制度并非完善，但至少到目前为止还没有另外一种制度优于高考制度。因此既然它是最优，只有坚持，因它并非完美，所以必须改革。[①]

高考改革势在必行，高考改革也一直在路上。高考改革应以不变应万变，"不变"是它的公平原则这一根本和灵魂，"万变"的是考试形式与内容可以推陈出新。深入推进高考改革，改变"一考定终生"制度并扩大高校自主招生，让高考指挥棒更好地发挥促进公平、科学选才的正向作用，应当是

---

① 樊平：《高考改革纵横论》，《文教资料》，2007 年第 36 期，第 92 页。

高考改革的大方向。

当前社会上对高考争议最多的点包括异地高考、高考加分、自主招生等。

【异地高考】

异地高考一直是高考改革的一块"硬骨头",关于异地高考的争论就一直没有中断过。异地高考之难,难在"既想到要解决随迁子女的考试问题,又不能影响北京、上海当地考生的权益"(时任教育部副部长杜玉波语)。有人认为异地高考在推进教育公平方面具有重要分量,有人则担心教育资源再分配伤及自身利益,损害本地户籍考生权益,并造成城市不堪重负和较大人口压力。

时间回到2011年全国两会上,时任教育部部长袁贵仁明确表示,对于流动人口子女在就读地参加中、高考问题,"很快会有一个方案"。

这一表态给非京籍考生家长带来了希望。2011年3月24日,20名在北京的学生家长向教育部学生司工作人员递交了"学籍与户籍分开,以居住地和学籍确定高考地的建议方案"。①

实际上,异地高考箭在弦上,不得不发。据国家统计局公布的最新数据显示,截至2011年末,我国进城务工农民数量已超过2亿。这2亿人的背后,有7000多万孩子,其中有1400多万跟随父母迁入城市。

2012年8月30日,政策"破冰"。国务院办公厅转发教育部、发展改革委、公安部、人力资源社会保障部《关于做好进城务工人员随迁子女接受义务教育后在当地参加升学考试工作的意见》,试图设计出一种方案,在户籍制度尚未取消的情况下,允许随父母在非户籍地就读的子女就地参加高

---

① 李新玲,全国异地高考即将破冰 三大焦点问题待解,中国青年报,2012年3月8日。这批家长2011年10月又向社会公开了民间版的《随迁子女输入地高考方案》,并递交给教育部。这份方案提出,不再把户籍作为高考报名的限制条件,高考报名资格依据学籍和父母经常居住地的标准认定。具体措施是随父母在经常居住地上学,至高中毕业3年以上连续学籍的,高中毕业即可在经常居住地参加高考和录取。对于北京、上海等情况较为特殊的区域,方案中也有明确设计:随父母在经常居住地上学,至高中毕业有连续4年以上学籍的,高中毕业即可在经常居住地参加高考和录取。

考。其中，五条内容中最重要的是第三条：

因地制宜制定随迁子女升学考试具体政策。各省、自治区、直辖市人民政府要根据城市功能定位、产业结构布局和城市资源承载能力，根据进城务工人员在当地的合法稳定职业、合法稳定住所（含租赁）和按照国家规定参加社会保险年限，以及随迁子女在当地连续就学年限等情况，确定随迁子女在当地参加升学考试的具体条件，制定具体办法。各省、自治区、直辖市有关随迁子女升学考试的方案原则上应于 2012 年年底前出台。北京、上海等人口流入集中的地区要进一步摸清底数，掌握非本地户籍人口变动和随迁子女就学等情况，抓紧建立健全进城务工人员管理制度，制定出台有关随迁子女升学考试的方案。

这一条里包含三个重要的条件，也被称为"准入门槛"：城市条件，即城市承载能力；家长条件，即在当地的合法稳定职业、合法稳定住所、参加社保年限；学生条件，即在当地连续就学年限等学籍条件。

有了"异地高考"政策指引，异地高考 2013 年实践中艰难前行。2013 年共有河北、辽宁、吉林、黑龙江、江苏、浙江、安徽、河南、湖北、湖南、重庆、云南等 12 个省份启动实施了这项政策。

2014 年，异地高考实施地区继续增加。新增的地区包括北京、上海、山东、宁夏、新疆、内蒙古、福建、海南、山西等省份。

实行异地高考，增加教育公平，还需要改革完善社会管理制度、学籍管理制度等，在执行过程中实行公开报名，接受公众监督，防止暗箱操作，对"人籍分离""空挂学籍""学籍造假"等弄虚作假行为进行严厉打击，这样才能既保障随迁子女考试和录取的权利，又不让"高考移民"有机可乘。

【全国一张卷】

高考命题改革的焦点在于实行"全国一张卷"还是实行"分省命题"。

2000 年之前我国高考实行"全国一张卷"，从 2000 年到 2004 年，全国开始实施"统一高考，分省命题"的方式，越来越多的省份加入到自主命题的行列。

而当前多省市高考试卷再次回归"大一统"。2016 年使用全国统一命题试卷的省份增至 26 个,比 2014 年增加 11 个,比 2015 年增加 8 个。

"分省命题"和"全国一张卷"各有利弊。分省命题的积极意义在于,可以从当地的中学和高校招生的实际出发,出"特色试卷",选拔人才。但多年来,分省命题的难度及考查知识范围、知识点不同,导致各地高考成绩不具有可比性,不利于异地高考等问题。"全国一张卷"的积极意义在于,可减少人力物力成本,保证命题的水平与科学性,并为继续深化异地高考、打破录取批次、实现一档多投等高考改革措施奠定基础。

从目前的实践来看,全国统一命题,不等于全国同一张试卷,各学科至少有好几套试卷。这些试卷难度不一,由各省申请用哪一套试卷。但大致说来教育发达地区,用的试卷要难一些;教育相对落后的省份,则要容易一些。

北京、上海、天津、浙江和江苏没有使用"全国一张卷",仍然采取自主命题形式。上海纽约大学校长、原华东师范大学校长俞立中教授表示,培养人才应该多元化,应该允许一些省市在规范操作的前提下,通过独立出卷更好带动基础教育的改革。上海的独立出卷,同样是改革创新,体现出我国不同地区教育发展程度和教育特色。

2014 年,21 世纪教育研究院曾就此进行网络调查。在回收的 5871 份有效问卷中,八成网友赞成高考恢复"全国统一命题试卷"。不过,各地教育资源配置不同,即使同卷,为了确保公平,各地仍然要根据实际情况划定分数线。

真正实现全国统一命题,必须先统一考纲,规范教材。高考命题改革,有利于促进教育资源地域平衡,是对老百姓期望教育公平的回应,也是其他各项高考改革的前提。

【保送生制度】

保送生制度于 1988 年被重新引入高考,它的设计初衷是给特殊人才提供一个通道,是对"唯分数论"高考统考的一项有益矫正。

保送生制度实施以来,确实选拔了部分优秀人才进入高校学习,2000

年全国保送生达到 2.5 万人。

然而，自 20 世纪 90 年代开始，由于自由裁量权大，暗箱操作，保送生政策执行不规范，"萝卜评优"、保送生造假、钻空子的案例时有发生。据媒体报道，南方某高校 10 年所招保送生绝大多数为厅官子女，一些特殊群体将"保送生"渠道异化成为子女升学"捷径"。1995 年，河南鹤壁市一所中学保送的 8 名学生中有 7 人成绩作假。2000 年，湖南隆回一中的 14 名保送生有 13 名弄虚作假。

频频爆发的丑闻刺激着人们的神经，挑战着社会对公平的守卫。人们想问：如果某个学生真的很优秀，为什么不能通过正常高考考上好大学？为什么不能通过自主招生考上好大学？

此外，人们诟病，保送生制度制造了新的教育不平等。统计数据显示，城市学生获得保送的机会比农村学生远远大得多。农村学生所享受的教育资源本来就少，起点本来就弱，保送生制度相当于给"弱势群体"一种新的歧视，使得城乡教育鸿沟越拉越大。

除了滋生腐败和制造不公，保送生制度的弊端还体现在加重家长和学生的负担，奥赛、艺术、体育等许多保送项目增加了学生的学习负担和家长的经济压力。

因为这些弊端，广东、安徽、江苏等地先行先试，取消省级优秀学生保送，并在高考加分等照顾性政策上一再收紧：

——广东取消省级优秀学生保送资格，自 2014 年以来，高考加分项目也大幅度减少。

——从 2010 年起，安徽省省级优秀学生就取消了高考加分和保送的资格，获得省级优秀学生称号的学生，其评选结果在学生综合素质评价中呈现，且不再具有保送进大学的资格。

——江苏省也已取消省级优秀学生及优秀学生干部的保送资格。数据显示，江苏近年来保送生逐年减少，2013 年为 442 人，2014 年为 203 人，2015 年为 206 人，2016 年为 188 人。

但也有人认为，保送生制度本身是为大学提供优秀生源的一个重要渠道，也是世界著名大学录取优秀学生的通行做法。"曲子是好曲子，只不过唱走调了"。问题的关键在于加强对执行的监督，建立"黑名单"制度，保证信息的公开透明、标准统一，防止暗箱操作。

目前，随着高考改革的推行，"一考定终身"和"一把尺子量学生"将被逐步打破，高考保送"瘦身"是大势所趋。教育部2016年做出减少省级优秀学生加分政策调整，随后再次对保送等照顾性政策作出调整，对2017年秋季及以后进入高中阶段一年级的学生，将取消省级优秀学生保送资格条件，2020年起所有高校停止省级优秀学生保送生招生。

对高考制度改革的关注

十八届三中全会通过了《中共中央关于全面深化改革若干重大问题的决定》，其中关于推进社会事业单位改革创新中明确规定，逐渐推行普通高校基于统一高考和高中学业水平考试成绩的综合评价多元录取机制。探索全国统考减少科目，不分文理科目、外语等科目社会化考试一年多考的规定。这一"颠覆性"高考改革呼之欲出，使高考改革这一敏感话题再一次被推向了风浪口，各种改革方案与猜想在报刊、杂志、电视、网络媒体等地方随处可见。

现行高考制度看似一场优胜劣汰、公平正义的考试，其实隐藏了诸多地区的不公平以及城乡之间差异，耗尽了不少人的青少年华，甚至埋葬了不少年轻人青春热骨。因为高考压力大选择辍学的比比皆是，因为高考迟到不能入考场自杀的已不足为奇，因为高考失败自杀更不是什么新鲜事。如近几年湖南省隆回县一中考场一名考生在高考时因未能及时赶到考场参加考试，在他苦苦哀求下，工作人员依旧不准许其参加考试，最后他选择自杀祭奠高考体制，这绝对不是第一例也不是最后一例，但却成为现行高考体制最好的讽刺。现行高考对心智还未完全成熟的高中生来说无疑是一把双刃剑：一方面逼着他们成功、成才与成长，一方面也插刺着他们最彷徨、最脆弱的心，使原本是选拔贤能的一项制度似乎成为部分年轻人摧残心智的梦魇。其次就是频繁报端的高考腐败事件与乱加分现象存在，如最近中国人民大学原招生就业处处长蔡荣生事件，高考制度不完善导致监督的缺失，使高等院校一些投机分子利用权力谋取私利，破坏考试的公平公正。我们很容易发现，每当教育界出现点问题，都会引起网上"轩然大波"，破除"一考定终身"的应试考试高考改革已成为民心所向。

其实，从 1977 年恢复高考制度以来，在 40 年历史里，我国的高考改革从没有间断过，从最初的文 6 理 7（即高考时，文科生考 6 门、理科生考 7 门）到 20 世纪 80 年代后期"3+2"，再到 2002 年以来各省市陆续实行"3+X"科目设置方案；从"一卷试天下"的全国统一命题到部分省份自主命题；从高校招生计划并轨，到高校扩招；从"一考定终身"到部分高校拥有自主招生权；从人工改卷到网上阅卷，网上录取……在考试科目、命题形式、录取方式等方面，显示我国高考体制改革的步伐在不断加大。但是，我们不难发现，在 30 多年不断"变脸"的高考改革路上，实际上并没有冲破应试教育的枷锁，依旧是一考定终身的"核战役"。2014 年，高考加分全国性"瘦身"无疑是一剂猛药，回应了人们对教育公平的渴求。

最近，据有关媒体披露，此次高考改革路线图的内容包括：

一、实施把普通本科和高等职业教育入学考试分开的人才选拔方式；

二、完善高中学业考试和综合素质评价，引导学生学好各门课程，克服文理偏科现象；

三、部分科目实行一年多考，减轻学生高考压力；

四、完善高考招生名额分配办法，清理规范升学加分政策，维护考试招生公平公正；

五、加快建立多渠道升学和学习立交桥，为学生成长成才提供多次选拔机会。

此次如果果真按此推行高考改革制度，无疑是为面临高考的学生送来的福音，最少可以缓解部分考试的压力，缓解一考定终身的僵局。

但是深思揣度后，该改革还是会滋生出一些新的问题，具体如下：

一、不分文、理科的"通才"学习方案。有利于促进学生的全面发展，但是如果没有相应而可靠的选拔制度，必定会使高中生雪上加霜，面临着更大的压力与挑战，也会使偏才怪才们遇到麻烦，难以拿到进大学的入场券。如果推行不分文、理"一刀切"高考模式不存在例外，很难说这是一项成功方案。考虑偏才怪才成为本制度一个重要关注点。

二、实行部分科目社会化考试、一年多考。这从一定程度上能破除一考定终身的考试僵局。但是如果没有规范合理的推行制度和机制，如果还是以分数论英雄，无疑会陷入另一个不堪重负的泥潭，无疑是增加了一场新的"杀戮"。

三、完善高校自主招生考试制度。必须夯实监督机制，规范制度的具体实施，尽量避免某些人暗箱操作、掘取利益、中饱私囊，让高考蒙上一层权钱交易的面纱，如之前爆出的，中国人民大学让 11 岁的"富二代"上本科，很有可能就是不完善的自主招生考试在作祟。

四、将平时的考试和表现纳入普通高校选拔新生的一个重要标准。这种"立交桥"式选拔方法对于学生综合素质提出了更高的要求，但以何种方式落实好这一制度，会不会滋生中学学校腐败无疑又是一个不可回避的问题。

不管怎么样，此次高考改革，是中国高考体制改革的又一里程碑，从不敢拿刀，到现在的挥刀落地，这毫无疑问将会是高考发展史上的一次进步，但能否真正地破除应试教育实现我们提倡已久的素质教育，还得等待教育部出台高考改革的细节规定和办法，同时，设立一套什么样的制度保证其贯彻实施，确保高考人性化与公平公正，让所有人拭目以待。

为改变高考作为"应试教育"的弊病，教育部门这些年也不遗余力地出台了不少政策。

2014 年，教育部出台了《关于加强和改进普通高中学生综合素质评价的意见》提出，学校要为每位学生建立综合素质档案，高校将参考评价情况招生录取。同时出台的《关于普通高中学业水平考试的实施意见》，规定在实行高考（课程）综合改革的省份，计入高校招生录取总成绩的学业水平考试 3 个科目，由学生根据报考高校要求和自身特长，在思想政治、历史、地理、物理、化学、生物等科目中自主选择。有媒体评论道，看待高考改革应该持谨慎乐观的态度。

有分析者认为，"3+3"模式将打破文理分科制度，形成"走班制"，而综合素质评价也将从无形变有形，影响高招，是好事……不过，也有这样的声音：这不仅会让家长们为如何确保评价公平公正而焦虑，也会让不少教育工作者担心自己所教的课程没人选，丢了饭碗。

出现这样的心理，一方面源于大家对现有教育公平现状的既定推理。不少人认为，城乡差异、贫富差异带来的问题将会随着此种高招制度改革变得更加凸显。另一方面，在全民备考的大环境下，高考是一个非常重要的社会流动渠道。所以，有人担心骤然增加考核的复杂程度，会不会增加学业负担？多次考核被理解成多次高考，综合素质评价是不是意味着要送给老师更多红包？

以前人们对国外招考制度总不乏溢美之词，综合素质考察比卷面分数更重要也早有共识。现在临到要改成这样，又担心"寒门无法出贵子"，这种心理确实很矛盾。因此要消除相关顾虑，就需要有关各部门澄清高考改革的实质。

评论说，前不久，在一个教育论坛上，长沙某著名高中的校长评价现有的高招制度说，现在大学录取的方式有些图省事，只看重考分，而不全面考量学生，大家明明知道简单的录取方式不对，但高校这么录，高中也就这么顺应。就此而言，本次教育改革将重点放在了改进高中生综合素质评价和学科教育考核上，它可以被视作破除高考指挥棒下唯分数论的关键之举。

要知道，高考作为高校招生的最主要途径，它要在近千万考生中选拔出合适的人才进入合适的高校，并就读合适的专业。在此前提下，我们就不难看出，现在"3+3"和综合素质评价改革，确实完善了选拔机制，能够帮助高校更全面了解想要招录的学生的情况，也可以为学生个性化发展扫清障碍。而这二者，应该比旧模式更接近教育公平的内核。

公众对高考改革影响教育公平的焦虑并不是由高考改革本身引起的，所以与其说民众对高考改革存有忧虑，倒不如说他们渴望高招更为公平。而治疗创伤，先要剜掉腐肉，敷上药再等伤口愈合。高考改革也是如此，减少加分项目是剜腐肉，增加学生学习的自主性，注重培养学生的综合素质，让分数不再是唯一标准，就是此次改革所开的药方。我们当然需要在药方成分上多做些讨论，提高其疗效。但是，既然药方大致可用，那么最需要关注的问题应该是在试验过程中如何边治边改，如何防止不公平因素让改革发炎。

焦虑源于对未知事物的恐惧。高考改革既然是大势所趋，我们就应该允许试错，谨慎乐观地看待。既然我们关心如何确保评价体系公平公正，那不妨在未来几年紧盯试点地区的改革动态，多些了解也能更好地进行舆论监督。

第三节 公平与效率的平衡 未来高考如何改？

高考关系学子们的未来，关系家庭甚至国家的命运。高考改革涉及各个利益相关方的调整，牵一发而动全身，是当前阶段我国教育改革中最为敏感、最为重要、最具导向性的改革。

高考改革难，难在需要解决一系列的矛盾问题：理想与现实的矛盾、公平与效率的矛盾、不同利益群体的矛盾、统一考试与多元录取的矛盾。改革意味着利益的博弈，调和利益之间的矛盾，需要在衡量现实条件的基础上进行平衡与再平衡，其最终目标，从国家层面上说是为其实施从"制造大国"向"创造大国"战略转型储备所需人才，从教育层面上说是让教育回归"育人"的本质，从个人层面上说是为其潜力发挥和未来选择创造更多的可能性。

回顾历年高考改革，内容大体涉及考试本身和招生录取两方面。前者包括高考次数、时间、科目、内容等涉及考试技术和细节方面的内容；后者涉及招生政策、录取标准等方面的内容。恢复高考的40年间，高考改革一直风雨兼程在路上，从科目设置、考试内容、考试次数到招生体制、方式、技术环节进行了数十次的改革。其中，有些改革经受住了考验，至今仍在实行，如"3+X"及自主招生；有些改革已经不复存在，如"文6理7"及高中会考制度。

我们应当秉承积极作为、行稳致远的态度来稳步推进这项意义重大的改革。未来高考改革，做好公平与效率的平衡是改革的核心，解决好统一考试与多元录取的问题是改革的难点。获得公平不以牺牲效率为代价，实现效率也不以让渡公平为条件，既要努力在维护公平的基础上提升效率，也要注重以促进机会的公平来平衡起点的不公平。

我们还应认识到的一点是，高考制度是选拔人才的一项机制，不能把所有教育中存在的问题归因于它，因此也不能寄希望于通过高考改革去解决教育中存在的所有问题。除了对高考制度本身进行改革，还要对基础教育、职业教育、高等教育资源的分配机制和地域分布进行改革，才能实现教育公平公正的目标。

一、公平为基石 高效为方向

在中国的国情下，高考在很大程度上承载着教育公平和社会公平的功能。公平是高考制度改革的灵魂，公平公正是高考制度的核心价值。

高考公平，怎样强调都不为过。理解高考公平，可以引入法律上的两个概念：程序性正义和补偿性正义。程序性正义为"看得见的正义"，使人们感受到程序上和过程中的公平性，这个公平的程序作用于任何社会群体，不论最后结果如何；补偿性正义主张根据历史、文化、经济条件有偏向地制定法律和政策，以保证相对公平的结果，强调实质和结果上的公平。

高考"程序性正义"强调"绝对公平"，采用固定的考试科目，通过统一的录取路径衡量全部考生的潜在能力，用分数作为量才标准。高考"补偿性正义"强调"更加公平"，适应社会对人才更加多元化、多样化的需求，采用分类的考试科目，通过综合的评价体系强调学生自我发展机会的公平，分数只是量才的标准之一。

随着我国社会、经济的发展，高考公平的内涵随之发生变化，从强调考试机会和过程绝对公平、强调"分数面前人人平等"的"程序性正义"到更加强调学生自我发展和自我价值实现的机会公平、"分数不是量才唯一标准"的"补偿性正义"。在新的社会条件下让高考"更加公平"的过程，便是对高考制度进行不断改革的过程。

高考公平问题本质上还是稀缺教育资源如何分配的问题。高考改革中，维护好考试过程公平的"程序性正义"之后，还要通过建立一套科学公平的考试招录体系，使每个人获得适合自身特点的教育，使得不同区域、不同家庭背景的学生通过考试获得符合其本人学能、潜力、专业性向的教育机会，是高考改革的目标之一。高考改革要改变、改善其制度设计，在保证程序公正、坚持统一考试主体框架的同时，增强对学生自我发展机会的公平体现的设计，增加对地域差异、城乡差异、家庭背景差异所导致的起点不公平的关注。

盘点我国历年进行的高考改革，特别是近 20 年的改革举措，高考改革主要沿着三条路径进行：

1. 对高考科目进行的改革最为频繁：

——1977 年，高考分文史和理工两类，文科考试科目为政治、语文、数学、史地（历史和地理），理科科目是政治、语文、数学、理化（物理和化学），报考外语专业要加试外语。

——1981 年，高考科目变为文科 6 门，包括政治、语文、数学、历史、地理、外语；理科 7 门，包括政治、语文、数学、物理、化学、生物、外语。

——1991 年，湖南、海南、云南三省推出"四组四门"的所谓"三南方案"，将原本的文科 6 门、理科 7 门改为"四组四门"：第一组是语文、政治、历史、外语，第二组是语文、数学、物理、外语，第三组是数学、化学、生物、外语，第四组是语文、数学、地理、外语。考生根据报考的专业参加有关科目的四门考试，但不得兼报两组。该方案强调学生个性，但由于录取过于复杂，仅实施了一年。

——1994 年，原国家教委在高中会考基础上，推出"高考 3+2"科目改革，即文科"语数外 + 历史、政治"，理科"语数外 + 物理、化学"。

——1997 年，原国家教委决定高考科目组试行"3+X"方案。"3"指语文、数学、外语为必考科目；"X"指由高校根据本校层次、特点的要求，从物理、化学、生物、政治、历史、地理六个科目或综合科目中自行确定一门或几门考试科目。1999 年，该方案在广东率先试行；2000 年，吉林、山西、江苏、浙江四省开始施行"3+X"方案；2001 年扩展到 18 个省、市、自治区；2002 年，在全国全面实行。在改革之初，"X"有多种选择，但在实施过程中，大多数省份选择了"3+ 文科综合"和"3+ 理科综合"的模式。

——2004 年，启动高中新课程实验，海南、广东、山东、宁夏为首批实验区；2005 年，江苏成为实验区；2006 年，实验范围扩大到福建、辽宁、浙江、安徽、天津五省市，初步形成了东部沿海省市全面推进高中新课程的格局。

2.命题改革，从标准化考试到分省命题：

标准化考试指根据统一、规范的标准，对考试的各个环节，包括测试目的、命题、施测、评分、计分、分数解释等，按照系统的科学程序进行组织，从而严格控制误差的考试。1985年至1988年，广东省对标准化考试进行了试验。1989年，当时的国家教委发布《普通高等学校招生全国统一考试标准化规划》。

在分省命题上，1985年批准上海市试行自主命题。2002年，北京市获得语文、数学和外语的单独命题权。2004年，教育部扩大分省自主命题范围，天津、广东、重庆、浙江、江苏、湖南、湖北、福建、辽宁等9个省市开始分省命题探索。2012年，全国共有16个省市试行自主命题，其余15个省区市采用国家统一命题。

3.招生录取改革，包括从定向到"双轨制"再最终"并轨"的改革以及围绕招考分离进行的改革：

一方面，从最初的定向招生到"双轨制"，再到最终取消自费生实行"并轨"。1983年开始，教育部正式提出"定向招生，定向分配"，规定在中心部分或国防科工委体系所属的某些院校，按一定份额实施面向农村或农场、草场、矿区、油田等艰苦职业定向招生。1985年，原国家教委规定，高校可以从参加统一高考的考生中，招收少量国家计划外自费生，与国家计划招生并行，即称"双轨制"。

1994年，在37所重点院校进行招生收费并轨制的试点，"学生上学自己缴纳部分培养费用、毕业生多数人自主择业"的机制开始建立。1996年，高校试行招生"并轨"，取消招收自费生，同时高校学费开始增加。2000年，师范类院校和专业也开始收费，招生并轨改革彻底完成。2007年，教育部直属师范大学实行师范生免费教育。

另一方面，在招考分离改革上，2000年，上海、安徽等地推出春季高考，希望给考生多次选择机会；2003年，22所高校试点自主招生改革，到2014年，试点自主招生高校已达90所。此外，自主招生联考结盟的出现也颇为引人关注。2010年11月中旬以来，出现一流大学联考结盟的趋势，形成了以北京大学为首的13所大学的"北约"，以清华大学为首的7所大学的

"华约"，以同济大学为首的 8 所大学的"同盟"。加上 2006 年已经出现的北京化工大学、北京林业大学、北京邮电大学、北京交通大学、北京科技大学 5 所大学的联考，我国目前实际上存在着四大联考结盟。

从过去高考改革路径上看，有关高考科目和命题的改革是比较容易操作的，也比较频繁，而有关招考分离的改革复杂度和难度较大，步子则迈得较为谨慎。高考改革的总趋势是，希望发挥高考对素质教育的导向作用，培养学生的综合素质。在未来的高考改革中，高校招生考试从制度设计、命题内容到录取中的民族和区域分布等方面，都应该坚持公平公正原则，要继续加强高考对素质教育的导向作用，既有利于解决基础教育的应试教育弊端，又能确保基础教育的质量不下降。

高考改革还应遵循效率原则，注重考试的高效经济性，注重人才选拔方面的效率。遵循效率原则，由国家组织举行统一考试，依然为低成本、高效率和公平公正的考试方法。每年高考实际上相当于一次"第三方"评估，推动了我国基础教育体系在重视教育质量的轨道上前行。我国高校招生方式的改革须坚持被人民普遍接受的形式，由国家组织统一考试。通过简便易行、省时省力的高考，最准确检验出应试者的实际水平，提高考试的信度、效度和区分度，将考生区分选拔出来供高等学校挑选。

为讲求高考改革的效率，可以探索将"高考"转变为"学业水平测试"，涵盖基础教育的各门课程，由国家对基础教育质量进行可靠、真实的权威测评，其考试内容重在"达标"，便于衡量学生学业是否达到高中毕业生的国家标准。

要实现降低考试竞争性和保证测试成绩真实性与可比性两个目标，可以考虑进行三项技术层面的改革：第一，考试科目涵盖各门课程，但学生可以自由选择测试科目。所有课程学业水平测试只计单科成绩，不计总分；第二，将单科成绩换算成等级分，不公布具体分数；第三，实行标准化选择题型，实行机器阅卷或机考，以降低考试阅卷成本。"学业水平测试"成绩可作为高校自主招生进行录取的依据之一。

此外，值得一提的是依法治考对于实现高考公平的重要性。自 1977 年恢复高考以来，考试日益成为衡量和选拔人才、保障社会公平正义的重要手段。据不完全统计，目前在全国范围内统一组织实施的考试达 200 多种，每年参考人数超过 3000 万人。2015 年 11 月 1 日《中华人民共和国刑法修正案（九）》施行后，替考、作弊、协助作弊等行为将触犯法律，轻则拘役，重则入刑。同时，适用刑法的罪名中增加了组织考试作弊罪，非法出售、提供试题、答案罪，代替考试罪等新罪名。这有利于打击高考中的各种作弊行为，维护考试公正公平。

但是，由于目前国家层级教育考试法律依据缺失，导致教育考试机构行使行政权力时存在一定随意性，考生法律救济途径仍然得不到保障。因此，如何在过去我国实施考试的经验基础上，探索国家考试立法的可能性，探索制定一套完整的国家考试法律体系，规范考试基本程序，明确法律责任追究，完善法律救济途径，仍然是摆在我们面前的一道重要课题。在 2017 年两会上，全国人大代表、江苏省教育厅厅长沈健指出，明确赋予考生及其他与考试行为有法律利害关系的人员，针对报考资格和条件的设置、考试程序和时间地点、试题命制和评分结果等方面提出质疑的权利，并有权通过法定渠道和方式进行公开审查和救济。

二、自主招生：高考改革的"牛鼻子"

恢复高考 40 年来，伴随我国经济转型和高等教育大众化的推进，高考招生录取改革取得明显成效。从招生并轨打破国家统包统分模式，到学校自主招生改变高考单一局限，促进了学生的学习积极性、激活了高校的办学主动性、促进了教育思想的更新。

我国高校招生考试制度受到教育思想、教育体制、管理制度、教育经费等内部因素和政治、经济、文化传统等外部因素的双重制约。一些专家认为，2000 年试点实施的春季高考和 2003 年试点的高校自主招生，没有实现其希望打破集中录取制度的初衷。比如春季高考被定位为为往届生多提供一次机会，只有少数地方院校参加录取。春季高考推出没几年，试点省市就只剩下上海一家。

在统一集中的高考体制中所形成的惯性思维和行为习惯影响下，有关部门和学校对增加学校的招生负担而顾虑重重，不愿花费大量人力、物力来进行复杂多样的单独自主招生。

对比集中录取方式和招考分离录取方式，其流程和教育资源分布有很大不同。集中录取方式是，计算学生总分，从高到低对学生进行排序；学生根据自己的成绩，结合学校提出的科目要求、等级要求填报志愿；教育考试部门根据学生的分数排名，结合志愿投档；高校在投档进来的学生中录取。集中录取基本上把学生纳入一个标准体系进行排队，教育行政部门在其中掌握核心资源。

高校自主录取方式是，高校在国家统一考试成绩公布之后，自主提出对申请者的成绩要求，提出各自的招生录取原则和专业标准；学生成绩如果达到多所学校的要求，自主申请若干所大学；大学自主进行录取。各校、各专业对考生提出不同要求，鼓励学生按照自己的个性和偏好，选择适合自己的大学和专业。学生自由申请，这种录取方式打破了过去简单地按照学生志愿在分数排队和学校排队双重因素制约下进行录取的程序。

集中录取方式具有操作简便、效率高、成本低等优点，并用最直观的方式去维护高考公平，但它制约学生的双向选择权。我国过去试点的自主招生，其操作流程给高校以有限的招生自主权，没有打破单一的分数评价标准，学生的选择也非常有限。"在招生实践过程中，高等学校从未真正有过完的招生自主权"。过去高考改革没有带来基础教育以应试为中心的格局改变，根本原因在于过去20多年的许多改革没有触及录取制度改革，主要内容只是科目调整。

考试招生领域长期以来统考统招模式色彩浓厚，统一考试，填报志愿分省投档。这种方式下，政府、高校、考试机构职责分工不明：政府担负全责，风险较高；招生办全能过大，不堪其重；高校招生自主权无法落实；中学、考生和社会在外围被动等待或"围观"，参与度不高。

自主招生改革的应有之义应当是增加学生和学校双向选择的机会。实行真正的考试招生分离，是在保留统一高考的基础上，改革高校的录取方式，由考生根据学校提出的申请成绩要求，自主提出申请，大学结合学生的高考成绩、中学学业测试成绩、大学面试考察等进行多元评价和录取。

高考改革的难点是招生录取改革。如何有效推进招考分离和录取制度的改革，是决定整个高考改革能否取得突破，实现"从根本上解决一考定终身的弊端"的关键。对于录取制度改革，公众最担心的是造成腐败，影响公平。而实际上，行政部门主导考试招生，掌握录取的核心资源，这种集中的权力架构往往是录取制度难以取得突破的主要原因。因此，在高考改革上突破招生录取制度，需要调整招生录取的权力架构，进行符合教育规律的治理流程再造。

招考相对分离的改革实际上一直是近年高考改革的指导思想之一。2010年7月，《国家中长期教育改革和发展规划纲要（2010－2020年）》中明确要"探索招生与考试相对分离的办法，政府宏观管理，专业机构组织实施，学校依法自主招生，学生多次选择，逐步形成分类考试、综合评价、多元录取的考试招生制度"。

2013年11月，党的十八届三中全会公布的《中共中央关于全面深化改革若干重大问题的决定》也明确"推进考试招生制度改革，探索招生和考试相对分离、学生考试多次选择、学校依法自主招生、专业机构组织实施、政府宏观管理、社会参与监督的运行机制，从根本上解决一考定终身的弊端"。

2014年国务院发布的《关于深化考试招生制度改革的实施意见》中，对改革招生录取机制的要求是"探索基于统一高考和高中学业水平考试成绩、参考综合素质评价的多元录取机制"。

2017年，考试招生制度改革试点全面推进。这是一场被称为自40年前恢复高考以来意义最为深远的一次教育改革。

三、脚踏实地 展望未来

我国高考改革正以坚定的步伐朝着公平与效率兼顾的方向迈进。《中共中央关于全面深化改革若干重大问题的决定》擘画了"顶层设计"，《关于深化考试招生制度改革的实施意见》设计了改革路线图，是引领当前考试招生的纲领性文件。一系列改革设计，旨在从根本上解决高考"一考定终身"的弊端，以将学生从应试教育的"樊笼"中解脱出来，还孩子们以活力四射的童年和青春。在招生录取方面的改革，旨在促使"学有所长"的学生可以拥有更加广阔的平台，鼓励学生走出"题山卷海"，培养更多的社会责任、创新意识与实践能力，还为一些动手能力强的学生提前拿到高等院校入场券提供了条件。

与以往高考改革围绕考试科目的技术性改革不同，此次高考改革深刻地回答了改革的原因、内容和路径等问题，是自1977年恢复高考以来，国家在教育领域实施的最全面、最系统的顶层设计。此次改革的路线图如下：

——推进考试招生制度改革，探索招生和考试相对分离、学生考试多次选择、学校依法自主招生、专业机构组织实施、政府宏观管理、社会参与监督的运行机制，从根本上解决一考定终身的弊端。

——对义务教育、职业院校招考、高校录取机制等做出部署：义务教育免试就近入学，试行学区制和九年一贯对口招生。推行初高中学业水平考试和综合素质评价；加快推进职业院校分类招考或注册入学。逐步推行普通高校基于统一高考和高中学业水平考试成绩的综合评价多元录取机制；探索全国统考减少科目、不分文理科、外语等科目社会化考试一年多考。试行普通高校、高职院校、成人高校之间学分转换，拓宽终身学习通道。

改革路线图对高考的内容、形式、录取、管理等环节进行了全新设计和部署，其中10项变化引人关注：

一、高考综合改革试点启动，高中不分文理科，外语科目提供两次考试机会，高中学业水平考试科目：由考生根据报考要求和自身特长，在思想政治、历史、地理、物理、化学、生物等科目中自主选择。

二、高考计分：由统一高考的语文、数学、外语3个科目成绩和高中学业水平考试3个科目成绩组成，高中学业水平考试科目由考生根据报考高校要求和自身特长，在思想政治、历史、地理、物理、化学、生物等科目中自主选择。

三、学业水平考试主要检验学生学习程度，考试范围覆盖国家规定的所有学习科目，是学生毕业和升学的重要依据。建立规范的学生综合素质档案，客观记录学生成长过程中的突出表现，注重社会责任感、创新精神和实践能力。

四、2015年起增加使用全国统一命题试卷的省份。改进评分方式，加强评卷管理，完善成绩报告。

五、2015 年起推行自主招生安排在全国统一高考后进行。申请学生要参加全国统一高考，达到相应要求；试点高校要合理确定考核内容，不得采用联考方式或组织专门培训。

六、高职院校考试招生与普通高校相对分开，实行"文化素质＋职业技能"评价方式。

七、推行高考成绩公布后填报志愿方式。创造条件逐步取消高校招生录取批次，增加高校和学生的双向选择机会。

八、建立招生问责制，2015 年起由校长签发录取通知书，对录取结果负责。高校可通过聘请社会监督员巡视学校测试、录取现场等方式，对招生工作实施第三方监督。

九、继续实施支援中西部地区招生协作计划，在东部地区高校安排专门招生名额面向中西部地区招生。部属高校、省属重点高校要安排一定比例的名额招收边远、贫困、民族地区优秀农村学生。

十、取消艺体特长加分，省级加分不通行。在新的高考制度下，统考的比重占整个录取分不足 30%，其余成绩可以通过"一年多考"获得，学业水平测试的科目还可以由考生根据自己兴趣和优势自行选择，有特长的人才可以在新的招考体制下脱颖而出。

新一轮高考改革追求的核心价值令人期待，它始终贯穿"国家—社会—个人"三位一体的价值逻辑，即国家统筹兼顾顶层设计、社会多元立体运作，个人灵活选择，既回应了社会对于公平公正的价值诉求，又满足了人尽其才的个人关切。面对我国东中西部高等教育资源分布极不均衡的情况，此次改革实施支援中西部地区招生协作计划和国家农村贫困地区定向招生专项规划，显示政策制定者对教育均衡公平发展的考量。针对普通高等教育和高等职业教育存在明显属性差异的情况，此次改革从普职分离考录和中高职衔接两个层面进行改革，凸显了教育分流的价值，照顾了学生的个人规划和理性选择。

"高考考什么？"不只是一个科目确定或内容选择的问题，它的背后隐含着为国家发展培养什么样的人才的使命，特别是文理是否分科的争论体现了深层的人才素养结构和课程价值观。本次高考的"大动作"是明确指出文理不分科，考试科目可自选，给予学生科目自主权，减小学生备考压力，彰显了以学生利益为本的价值取向。但是，这项课目改革的推进依然要在试点基础上稳步推进。在当前，激烈的、有区分度的、高竞争性的选拔性考试仍然是进入一流大学的必然路径，对于想上好大学的考生，其学习负担并不会随着高考科目的减少而减轻，多数考生仍然会在平时训练中将自己的学习时间和潜能用到极限。

推行高中学业水平考试和综合素质评价是此次改革的重要方面，为普职分离考录的推进创造条件。有了水平考试成绩和素质评价，一些职业院校可以采取注册或申请入学，而不必参加高考。

逐步推行综合评价、多元录取机制，是此次高考改革的主要目标和难点所在。多元录取是指根据学生的高考成绩、高中学业水平考试成绩和综合素质评价来择优录取；综合评价是指综合考生平时的学习成绩和表现来评价。两者旨在突破当前高考招生录取基本依靠分数的局限。但此项改革在较讲人情关系的社会背景下如何具体实施，实施效果如何，这都需要我们在实践中拭目以待。

值得注意的是，一些好的政策往往因为执行不公开不透明，缺乏有效监督而走歪甚至中断。新的高考制度和高校自主招生制度也一样，需要在执行中有强有力的社会监督，招录过程必须阳光透明。减少奖励性"加分""异地高考"、建立招生问责制等举措，旨在通过严格监督、促进公众参与及公开透明，保证选拔人才规则和招生机制的公信力和执行力。

高考改革任务复杂艰巨，实现既定的改革目标任重道远，无法一蹴而就。高考改革目标的实现需要细化落实出台相关的实施细则，并在选好改革试点的基础上循序渐进、稳步推进。我们不能寄希望于通过这次高考改革解决所有的应试问题和所有的教育弊端，不能不顾当前实际的社会、经济、政治、文化条件的制约冒进推行高考改革。站在国家的高度，站在万千学子的角度，以全局思维不断探索、积累经验、通盘考虑、稳打稳扎，此次高考改革一定能在科学选拔创新人才、促进个人潜力发展、维护社会公平公正等方面发挥重要作用。

第四节 他山之石可以攻玉 如何同世界接轨

一般而言，除了少数国家，"高考"招生录取是各国高等教育体系中的必要环节，只是它们形式内容各异，多元化程度不同，由此产生的考试竞争激烈程度也不一样。

与世界其他国家相比，中国作为"科举"考试古国，其博大精神的考试文化可为人师。东学西渐，西学东进，在中西交流的过程中，中国科举考试曾对西方考试制度产生过深刻影响。

16 至 17 世纪，明末清初，欧洲传教士来到中国，接触到科举取士制度，感叹于科举制度对克服吏治腐败可以起到巨大作用，便通过游记把它介绍到了欧洲。如 1689 年，被译成英文出版的葡萄牙来华传教士安文恩所著《中华帝国历史新编》说："全国的硕士（举人）每三年一次集中在北京贡院，一起参加 13 天的考试。一个月后，在作文考试中显示出最富有创造性和独出心裁的 366 人被赐予博士（进士）学位。皇帝在年轻的博士中挑选最年轻的机灵者进入一个叫做翰林院的机构……这些翰林在院中成长有年，学习真切的统治艺术和优良举止的方法。"

18 世纪启蒙运动中，不少英国和法国思想家都推崇中国科举制度的公平和公正。19 世纪中晚期，英国规定通过定期考试招取文官，很大程度上吸纳了科举的优点，并渐渐形成为欧美各国仿效的文官制度。据不完全统计，自 1570 年至 1870 年的 300 年间，由外国学者所著、外文出版涉及中国科举的文献多达 120 余种，这些文献的作者涵括英国、法国、荷兰、葡萄牙、西班牙、俄国、意大利、德国、美国等欧美大国。

中国革命先行者孙中山先生说："现在欧美各国的考试制度，差不多都是学英国的。穷流溯源，英国的考试制度原来还是从中国学过去的，所以中国的考试制度是世界上最古老最好的制度。"

中国在废除科举考试制度后一直探索着建立现代考试制度，从民国时期到新中国建立，再到改革开放时期，反复改革，不断试错，不断进步。当前，在由计划经济体制向市场经济体制转变的中国，高考既有与世界各国相同的规律，也有与其他国家不同的特殊规律。

西方高等教育体系自1789年法国资产阶级革命到第一次世界大战期间逐渐进入近现代化阶段，形成了各具特色的高等教育模式，目前运行较为成熟稳定。他山之石，可以攻玉。从发展的眼光去研究现代高等教育招考体制，通过国家之间的横向比较，我们能从发展得较为成熟的西方高等教育招考体系中汲取各自长处，从与中国文化相近的亚洲圈国家中吸收其中优点，甚至向"无高考"国家寻求可取之处，从而得到工业化、信息化时代我国高考改革何去何从的启示。

一、美国高考：也是初、中等教育的"指挥棒"

我们似乎都有一个普遍印象：美国教育是快乐教育，孩子们快乐成长，没有压力。但走近美国"高考"，可以发现，美国孩子从小到大经历的考试并不少，要想成功问鼎好大学，也必须付出艰辛的努力。在很大程度上，美国高考招生录取制度也是初、中等教育的"指挥棒"。

美国高招录取标准的一个鲜明特点是其综合性，其模式可概括为"成绩＋综合素质＋面试考查"，这里的成绩包括学术综合考试和平时学业成绩。美国高校通过多方面综合衡量选拔学生，学术综合考试，即实质意义上的"高考"，所取得的成绩不是唯一的录取标准。

旅美教育专家、《"高考"在美国》一书的作者黄全愈说，中国的高校招生以"高考"成绩划线，简单明了。而美国高校招生则考虑多方面的因素："高考"的考分、平时的成绩，再加上申请者的"综合素质"，搞的是"三合一"。美国"长春藤"名校在招生中使用的计算AI（学业指数）的公式，是根据"高考"成绩和平时成绩计算的，是呈现在明面上的、量化了的东西；而"综合素质"倒是隐藏在背后的、不易量化的东西。

美国学术综合考试为"学业能力评估考试"（Scholastic Assessment Test）和美国大学入学考试（American College Test），学生申请大学只需提供两者之一的考试成绩。SAT 考试以测试学生学习能力为主，主要考查学生的逻辑、分析、推理等方面的能力，与高中教材没有直接的关系，其试题类似于智力题，考试题目千奇百怪，由非盈利机构美国教育考试服务中心（ETS）承担其命题和阅卷工作；ACT 考试包括英语、数学、阅读、科学及作文（选考）等五个部分，是美国唯一包括科学科目的大学入学考试，与中国高考比较接近，由美国大学入学考试委员会 ACT INC 主办。

美国学术综合考试是美国大学入学条件之一和大学发放奖学金的主要依据之一，其重要性不言而喻。但为什么没有把美国学生、老师、家长带到应试的樊笼中去呢？

举 SAT 考试中一些试题为例：1. "癞蛤蟆是否有听觉？试证明之"；2. "请以下面的句子开头写个故事：'在多年以后，他想起自己第一次与冰有关的经验 ......'，故事须提及一双袜子、一个纪念碑、一串钥匙、一头家畜和莎翁全集"；3. "沙和海滩的关系中与下列哪两者之间的关系相同：A. 猫和猫须；B、树和森林；C、足球和曲棍球；D、衣服和鞋子"等。

这些试题天马行空，妙趣横生，自由发挥度比较高。更重要的是，它们的考试次数一年中均有多次：前者一般在每年三月、五月、六月、十月、十一月和十二月的第一个星期六以及一月的最后一个周六举行；后者在每年 2 月、4 月、6 月、9 月、10 月和 12 月举行。美国学生可以在高中阶段多次参加定期举办的 SAT 考试或 ACT 考试，大学以最理想成绩作为录取依据。甚至是美国十二三岁的初中生，也能够常常进入考场就这些智力题 "小试牛刀"。这使得学生保持相对轻松的考试心态，避免了一考定终身的问题。

除了 "高考" 成绩，学生的平时成绩 GPA（Grade Point Average）也在大学招录中扮演重要角色。美国进入大学深造的必备要求是修满高中学分，通过毕业考试。它是在校期间各门功课的综合平均分，是学生在整个学习过程中自然形成的。对于想上大学的美国高中生来说，必须时时关注自己在平时作业、课堂讨论、做实验、出勤方面的成绩。GPA 成绩可以比较客观公正地反映学生的整体学习情况和高中阶段的学习态度。

除了分数硬性指标，美国还实行综合素质评价招生。以 2015 年来自上海中学的李嘉昊被哈佛大学录取为例看美国顶尖学校招生标准。据李嘉昊自已总结，被哈佛录取，成绩是个门槛，进入这个门槛后，决定性因素有三点：数学竞赛获奖、志愿者经历、成功的面试。李嘉昊高三获得中国数学奥林匹克竞赛金牌，成立了社团帮助自闭症儿童和智力障碍患者，面试时轻松自如的回答，这些都是被录取的关键要素。从这个个案中，我们可以看到，努力成为优秀的人，用心帮助社会弱势群体以及良好的沟通能力是美国顶尖学校录取标准的组成部分。成绩不是不重要，但光靠成绩是叩不开美国顶尖大学之门的。美国的"三合一"高校招生模式不但有对 SAT、ACT 综合考试和平时成绩的考分"硬件"要求，还有对综合素质的考量。有能力上大学的，想上大学的，特别是有志于就读常春藤名校的学生不但要过考分"门槛"，还要"拼素质"。

美国顶尖大学的招生制度不是一成不变的，它会充分尊重个人的选择。美国教育是开放的，它认同你在课堂之外、校园之外所做的探索，让你有机会把人生变得与众不同。有了"三合一""指挥棒"的导向作用，美国高中生的高中生活基本围绕学习、才艺、志愿者活动全面发展，学习生活充实、紧张而忙碌。具体来看，美国高中一共四年，学生必须在高中的前三年（九至十一年级）基本完成课程学习计划，获得毕业总学分，如果多修荣誉课程或 AP 课程（美国大学预修课程），不仅学分可多拿，还常被大学看重，有利于被大学录取。学生要参加各种课外活动、志愿者活动，表现个性才艺、领导能力，要参加社区义工活动，表现对社会和他人的爱心精神。

美国高校录取招生的另一个鲜明特点是美国高校所拥有的绝对独立的、高度自主的自主招生。美国三权分立的政治体制决定了美国高等教育体制的分权特征。美国联邦政府对教育的影响力相对有限，美国各州享有独立的教育法，可以在宪法规定的范围内根据自身需要制定各州的教育规划，是美国教育的基础和重心所在。而各州与高校的关系又是松散的合作关系，这又赋予高校宽松的发展环境。

美国高等教育体系以数量大、种类全、层次多著称，包括综合性大学、文理学院、两年制社区大学以及专门学院等。各高校录取讲究个性化和多样性，各层次学校具有不同的特点，各大学可以根据自身标准和制度独立灵活地应用综合素质评价体系。此外，美国顶尖大学采取校友面试方式，力图在学校文化与个性经验之间架起一座桥梁。

美国高校的招生是双向选择，既是高校选择学生的过程，也是学生选择高校的过程。为争夺优秀生源，各高校在招生工作开始前会进行一系列宣传，还会通过提前录取、开放录取、滚动录取、延期注册等方式保证学校招足优秀的学生。美国学生获得 SAT 考试或 ACT 考试分数后，可以着手根据分数高低自行选择适当的高校。双向选择保证学生能根据自己的兴趣爱好、专业特长和学业水平高低等实际情况选择学校。

值得注意的一点还有，美国高校招生考试由校外独立服务民间机构运作，主要由美国大学入学考试委员会、美国大学考试项目测试中心两家民间团体组织承办。这两家机构注重独立性与公正性，为高校和学生提供服务。美国高校招生工作高度专业化还体现在具体的三个层次上：一、除了招生办公室内部工作人员外，外围人员——包括面试官和阅读者——并不知道招生的核心内容。外围人员受招生办公室聘请或义务为其工作，不能决定某一学生能否被录取。二、录取学生的决定由招生委员会独立做出。三、招生办公室会在招生季之前组织专业化培训。

综合来看，美国高等学校综合录取模式比较复杂和主观，讲究个性化和多样化，既保证各档次的学校召到相应的学生，也保证学生有自主选择权。尽管在中国人口众多，教育资源有限，普遍注重人情关系的具体国情下，要在全国范围内普遍公正地施行美国的综合教育模式和专业化招生模式，还需较长时间的摸索和实践，但其中仍有许多值得借鉴的地方：一、随着大众化教育的推进，可以逐步减少政府对高校招生的行政干预，在专业设置和招生人数、考试命题范围、录取分数划定和录取结果审批上给予高校更多的自主权。二、建立多元化的招生考试制度。在尊重高考分数作为统一录取标准的公平公正基础上，打破高考作为"一试定终身"的唯一入学评价标准，招生时应综合评价学生的素质、能力和爱好，而不是简单地把学生当作一个个的分数进行排列录取。三、培育以市场竞争为导向的、专业的、独立的考试服务机构，为"考招分离"改革创造条件，提高机会公正平等。

二、英国高考：采用"证书制"

有着悠久教育传统的英国，是世界上最早建立较为完善的高等教育制度的国家，教育系统以严谨著称。英国高等教育的一个显著特色是"年轮结构"。其高等教育体制形成像一棵古树那样呈明显的、生动的年轮结构：古典大学、近代大学、新大学、新新大学、多科技学院等。

尽管英国高等院校是多元而多层次的，但高校招生都以等级制评分的"证书制"为基础，学生通过考试获得资格证书是其申请高校的凭证。这些证书包括普通中等教育证书（GCSE）、普通中等教育证书高级水平（A-level）、普通中等教育补充证书高级水平（AS-level）、高级职业教育证书（AVCE）等。所有证书划分不同的等级，比如：A-level 证书被划分为 ABCDEU 六个等级：480-600 分是 A 等，0-239 分是 U 等。

其中，GCSE 证书考试和 A-level 证书考试是英国主要的高校招生考试，也就是所谓的"高考"，这两次成绩是大学录取学生的主要指标，特别是 A-level 证书是学生现有和潜在学业成就的主要指标，其重要性可见一斑。这种统一的考试对学生一生的影响非常大，因为它可以决定学生能不能接受到自己所设想的高等教育。

首先，英国中学生在完成 5 年中学教育后，要参加由英国教育部门统一命题、在规定时间进行全国统考的"普通中等教育证书考试"（GCSE）。这项考试通常考 8-10 门课程，通过考试，拿到证书，便标志着中学教育的结束。此后，有志于继续高等教育深造者，将进入"大学预科"阶段学习，即"普通中等教育证书高级水平课程"（A-level 课程）的学习。

在 A-level 学习阶段，学生根据个人兴趣和理想的专业及职业设计来选读课程。一般来说，英国的大多数中学会开设广泛的 A-level 课程科目，课程涉及文科、商科、经济、语言、数学、理科、计算、法律、媒体、历史、音乐、地理等。例如，如果想攻读建筑，那么在 A-level 阶段可以选择艺术设计、建筑学、数学、物理等。

A-level 证书考试采用累积分制，考试方法灵活。A-level 每门课程均有多次考试机会，最好的成绩会被记入最终成绩。学生可以选择分阶段测试或者一次报考所学的所有课程。如果学生对某门课的考试成绩不满意，可以通过补考获得更好的考试成绩，以替代原来的成绩。多次灵活的考试在某种程度上可以避免"一试定终身"的弊端。

英国实行"招考分离"的招生模式，在很大程度上保证了公平性。申报学校和组织考试由独立的专业申请机构和专业考试机构进行，而高校根据申报者的成绩通盘权衡后自主录取学生。其严格的监督、审核环节，一视同仁的录取工作，舆论和社会的监督，与讲究综合素养的招生标准相辅相成，为英国高校选拔高素质人才的不二法宝。

高校招生考试公共服务体系包括政府机构、非官方的实施机构、半官方的监督机构，三者各司其职、分工合作。其中，政府不直接参与高校招生考试事务，而是通过法律、政策和标准的制定来进行间接管理；非官方实施机构负责实施考试与招生；半官方监督机构包括资格证书与课程局、考试申诉委员会和教育标准办公室。

英国现行招生机构为大学和学院招生服务中心（Universities and Colleges Admissions Service）。它是一个协调机构，统一为英国所有大学提供招生服务，不具备很强的行政权力，只负责在高校和学生之间传递信息。此外，各高校招生办公室也提供招生服务。

"大学预科"第一年，即 A-level 课程学习第一年，学生需要从必修课中选择两门课、选修课中选择两门课，完成考试得到分数后，学生便可以递交大学申请志愿，一般可以报考六个志愿。UCAS 会把信息反馈到学校，学校会通过资料审核筛选一部分学生到学校进行面试或笔试。这个过程结束后，学生会得到无条件录取、有条件录取以及不录取三种评价结果。获得有条件录取的学生，需要在"大学预科"第二年，从第一年选择的四门科目中，再选择比较擅长的三门进行考试，如果成绩合格，"预录取通知书"就会自动转化成"正式录取通知书"。对于超水平发挥的学生，还有机会在"升级周"一面保留已录取学校的入学资格，一面申请更好的大学。对于不录取或从有条件录取中淘汰下来的学生，可进入补救程序进行调剂。

英国高校拥有主要的招生录取权力。A-level 证书是高校招生录取的重要指标，但不是唯一指标。高校还看重申请者的自述、学校导师或校长对该学生的评价（推荐信）、面试和入学测试。推荐信的内容包括学习该专业的动机和原因，业余爱好，校内外活动，与同学的人际关系等。想拿到名牌大学的入场券是很不容易的，除了全 A 的 A-level 成绩，还要有过人的推荐信，在学校面试中表现极高的综合素养。

在面试中，牛津、剑桥等英国顶级大学会全面考察学生的综合知识、逻辑分析能力、思维敏捷程度、想象力等。面试的题目五花八门、花样百出。如现代语言专业问题："什么让小说或戏剧充满政治色彩？"历史专业问题："你最想采访历史上哪个人或哪种人？原因何在？"生物学专业问题："为何多种动物长条纹？"牛津、剑桥的面试反映了英国大学多元的招生标准，既重视优异的 A-level 成绩，也重视学生的思考能力、社交能力、应对新挑战的能力。

英国招生录取体制通过多元化标准运用、灵活的考试方法、多次考试机会，较好地避免了"唯分数论英雄"的陷阱；其独立的考试机构和招生机构与高校形成"招考分离"的招生模式，较好地保证了公平性。英国招生录取体制对于中国高考招生录取的启示和借鉴意义在于：一、政府可以由大一统的直接管理招生考试的具体事物转向对招生考试进行法规和标准领导。二、培育专业招生考试机构，逐步实现考试社会化，并培育半官方考试招生咨询机构和监督机构，构建高等教育招录制度的公共服务体系。

三、澳大利亚高考：正式高考成绩只占大学录取分数的50%

澳大利亚于 20 世纪初虽然脱离英国而独立，高等教育体制深受英国影响，大致承袭了英国的高等教育传统。澳大利亚没有全国统一组织的高校招生考试，各州及领地自行负责高校招生考试，即所谓的"高考"，但各州的高校招生考试在多元中兼具统一性。各州招生考试的统一特点表现在：

全国范围内的高校招生考试都安排在相同的月份；都会根据学生在校综合成绩和一次地区性"全澳等级考试"成绩来综合评定学生的大学录取分数，录取的基本依据是考生的排名；为方便学生跨州报考大学，国家会用一套透明的架构来比较换算分数，得出每个考生的全国统一标准通用分数，称作 ATAR（Australian Tertiary Admission Rank）。

不以一次考试定终身是澳大利亚高考的突出特点。2015 年，澳大利亚维多利亚州高考数学科目的一道题目遭学生吐槽：50 分的硬币都是正十二边形，把两枚硬币并排放在一起，求夹角。五个选项分别是 A. 12° B.30° C.36° D.60° E.72°。不管题目是否真的很难，这道题目都不至于断送考生上大学的希望。因为澳大利亚的正式高考成绩只占大学录取分数的 50%，另外 50% 是由高考预考成绩和平时成绩的综合评分组成。

澳大利亚高校招生考试制度崇尚公平、公正、效率和自由选择，兼具"多元与统一""灵活与适性"的特征。具体来说，从 12 年级（即高三）开始，学生每次作业、测验与考试成绩都计入平时成绩，正式高考之前，会参加 次全州统 预考。澳大利亚高考每年 10 月进行，由各州自行命题，不由国家统一命题和组织。

每年，大学会划出最低录取分数线，达到最低线的学生就有机会被所申请的大学录取。有的专业对预备课程有一定要求，有的专业会划出专业课程的最低线，而各专业还会在最低线的基础上通过问卷、面试等方式再次筛选。达到所有选拔条件的考生才能拿到大学录取通知书。

由于高校招生不仅要看学生的高考成绩是否优异，还要在成绩过"门槛"的学生中挑选具有相关学习成果的学生，这使高中阶段课程更加注重学生的兴趣，可以避免僵化的应试教育。澳大利亚高中开设的课程依据全国统一大纲设定，所有科目大致可划分为英语、数学、科学、健康与体育、技术、社会及环境学、外国语、艺术 8 个学科范畴。

每年各州划定毕业考试科目范围后，学生可根据个人兴趣特长选课，所选课程都可以作为高考科目。这种考试体系可以让学生在考试中充分发挥自己的特长，还可以为学生奠定大学专业课及将来职业规划的基础。澳大利亚的高考通过一套多元考试体制，有效地标示出学生的水平和其个性化特征，既保证了高中教育水平的质量，也为高校入学选拔提供参考依据，推进素质教育的全面实施，促进学生的全面发展，为国家培养创新型人才。

澳大利亚高等教育体系基本是公立性质，主要分为两类：一类是大学（University）；一类是技术与继续教育学院（Technical And Further Education，

TAFE）或职业教育与培训学院（Vocational Educationand Training，VET）。条条大路通罗马。学生即使高考失利，甚至没有高中毕业，日后依然可以通过修读大学的 Foundation 课程进入本科专业学习。而对于不选择大学深造的学生，则可以选择直接进入 TAFE 或 VET 学习。

公平、效率、给予学生自由选择的空间，是澳大利亚高等教育招录体系的显著特征。不实行"一锤定音"的高考制度减轻了学生的心理负担。灵活的教育制度使得高考不是进入大学的唯一路径，给予年轻人以多样化的成才之路。但是，在目前我国教育资源地域分布不均、优质大学教育资源相对人口规模来说比较缺乏、人口众多、竞争激烈的具体国情下，目前我国高考招录还很难像澳大利亚高考招录体制那样仅仅为促进个体发展和人才甄别而进行设计。在我国东中西部地区均衡地发展教育资源，建立多层次、多元化的高等教育体系，是保障公平公正、不拘一格降人才的基础条件。

四、法国高考："尖塔尖"精英教育"唯分数论"

每年 7 月 14 日法国国庆大游行，担任仪仗队的是法国工程师大学的学生，他们有男有女，高低不齐，代表着法国的荣耀，而法国工程师大学也是法国年轻人梦寐以求的学校和培养极少数精英的摇篮。这些"尖塔尖"学校的"高考"选拔标准讲究"唯分数论"。

法国的基础教育包含 5 年小学、4 年初中、3 年高中。法国高中生首先需参加高中会考（BAC），获得由学校统一颁发的高中毕业证书，这是进入大学深造的必要条件。

根据法国国民教育部提供的数据，约 94% 的高中会考及格者可直接进入高等院校就读。只是对于名额有限的医学系、牙医系、药学系及技术学院，一般采取淘汰制招收大学新生。但其中，在高中阶段学习特别优秀的佼佼者，如果有志于攻读重点工程师或者排名靠前的高等商学院，可以再去 prepa 学习两年，然后通过国家为这些预科生专门组织的全国统考。

要想进入"精英"高等学院深造，必须接受高强度脑力与体力双重考验。Prepa 统考按水平和难度分为五个联考，由 Polytechnique（多种工艺学院）、Ecole Normal（高等师范学院）、Central（中央理工学院）、Pont et

Chaussée（桥梁和公路学院）和 Mine（矿业学院）等五大精英名校联合主办的联考是最高的；然后依次排下，有不同水平和难度的联考，学生按自身水平选择参加，以便得到合理的成绩排序。

法国高校招生实行的是预注册制，通过提前登记志愿来提前掌握生源状况。法国的精英学校共有数百所，最顶尖的规模只有数百人，目标是培养领袖级人才；次一级的规模可达一两千人，目标是培养仅次于领袖级的最高级人才。精英学校的专业大致分三个方向：

第一个方向是，国立、免费甚至倒付奖学金的工程师学校。这些精英学校，唯一看重的是分数。学生必须要有足够好的分数才能考上。平民百姓的子女，只要够聪明，够努力，就不会被钱挡住前进的道路。

第二个方向是商科。这类学校都是私立的，需要付费，按等级每年八千到一万五千欧元。但是银行一定愿意为考得上的学生提供助学贷款。

第三类是纯理科和纯文科学校。理科院校以巴黎高等师范为代表，其招考唯一条件是高分，能招到全法国最优秀的理科尖子。学校不收学费，还给学生发放不菲的工资。文科学校主要是巴黎政治学院（Sciences Po）和国立政治学院（ENA École Nationale d'administration）。巴黎政治学院规模较大，有多所分校，超过一般精英学校的规模，是法国各级公务员和外交官的主要来源；国立政治学院一般培养已有若干年从政经验的优秀年轻官员。

除了精英大学，法国还有普通的公立大学。这些普通的公立大学一律免费，只需支付几百欧的注册费，但实行宽进严出的筛选标准，大学生总体文凭获得率不超过 50%。

法国高等教育体系多元化、结构复杂，强调公民受教育的权利和机会均等，其层次分明的考试和招录机制，既保证了大多数人获得高等教育的机会，又量材而用，通过公平考试选拔考生中最出色的学生。

法国高考招考体制给中国高考改革的启示是，承认人才是多元而分层的，一方面，通过以国立大学为代表的大众式教育，让更多来自贫苦家庭的学生得到享受高等教育的机会。另一方面，可以用尽可能高的标准，用分数作为硬杆杠去筛选天资好、努力刻苦的精英人才，并为他们提供毫无后顾之忧的经济条件。

五、日本高考：在改革中挖掘学生个性潜能

由于日本历史上一直身处东亚文化圈，深受儒家文化影响，其看重学历，学历唯上的文化传统与旧中国有类似的地方。个人的社会地位和升职机会在很大程度由学历及所读大学知名度决定，高考可以是日本青年人生命运的一个重要转折点。

日本高考曾经也是一锤定音或"一卷定终身"。但自 1979 年实施"共通第一次学力考试"以来，日本基本形成了两次考试、综合评价的高考模式。

——第一次考试为每年一月举行的全国统一考试，考试科目包括国语、英语、数学、理科（物理、地理、化学、生物）、社会学科等基础学科。这是一种资格考试，用以考察和判断学生是否掌握高中阶段应该具备的基础知识。

——第二次考试为各大学从二月中旬至三月底举行的自主招生考试，面向大学选才。第一次全国统一考试成绩公布后，各大学根据当年所有考生的考试成绩划出参加本校自主招生考试的分数线，考生根据自己的分数和特长决定报考学校和专业，学校拥有更多自由选择权和自主裁量权通过实际专业需要和独创方式考察其专业知识和思维能力。日本考生可以选择两所大学进行考试。

为提高政府对高考的总体调控，1990 年，日本政府将"共通第一次学力考试"改革为"大学入学中心考试"，将固定的考试科目改为弹性化科目组合，并吸纳了私立大学参与其中。改革使私立大学得以节约考试成本、提高名气，也使政府实现了对考试组织主体的扩充，统筹了对国立、公立、私立大学的管理。

随着日本高等教育 1999 年进入普及化阶段，日本高考竞争的焦点转移到了是否能进入著名大学，接受高质量的高等教育。为了回应家长的要求和期待，2000 年，大学审议会发表咨询报告，明确将考试机会提高到 2 次以上作为考试改革的方向之一。

历经多次大学招生制度改革后，日本 20 世纪 90 年代初形成了现行的考

试方法多样化、评价尺度多元化的大学招生制度。多样化主要体现在"招生事务所"（Admission Office）入学考试制度和推荐入学考试制度。AO 入学考试制度分为选拔型、对话型和体验型三类，通过对考生材料的详细而周密的审查，考察和评价考生的个性特征、专业特点、实践能力和学习意向，然后再通过几次面试全面评价学生的综合能力。这与国内的自主招生考试比较类似。

推荐入学是日本高考制度的重要补充，设定考生成绩的平均值，以调查书、高中校长推荐书等为录取新生的主要依据，结合高中阶段各种活动，综合考查考生的学习兴趣、专长、能力。推荐入学一般由学院或者学科 5-7 位教授组成考试委员会进行考核。据日本文部省最新统计，2013 年采用推荐入学的国立、公立大学共计 154 所，占国立、公立大学总数的 97.5%；国立、公立大学录取新生总计 19056 人，占录取新生总数的 15.3%。

日本高考招生改革方向对我国具有很强的借鉴意义。日本遇到的应试问题、一考定终身问题、"唯分数论"问题和我国很像。包括 AO 入学考试制度和推荐入学考试制度的多样化招生入学方式重视对学生学校生活、学习态度的调查，有利于引导初中高中教育走出"分数主义"，回归教育的本义。但是，值得注意的是，日本招生改革并未放弃统一招生考试。应该说，统一高考是维系公平公正的纽带，是推行多样化改革的基础。

日本经济发展水平比我们高，但升学竞争压力仍然很大，这预示着我国的升学竞争压力并不会随着经济发展水平的提高而降低。有一点教训是我国高考改革以及由高考改革推及的中小学教育"减负"改革应当注意吸取的——不应当一味遵从教育的"宽松无压力"，在基础教育实践中能取得育人和应试的平衡是最大的成功。

六、印度高考：一场时刻在路上的修行

印度实行多种考试制度并存的高考制度。有全国性的高校入学考试，还有地方院校和全国重点大学的招生考试。高中毕业考试成绩和大学自主招生考试成绩为印度高校招生主要依据。

印度的义务教育为 8 年，9-10 年级为高中，11-12 年级为大学预科。

10 年级毕业考试和 12 年级结业考试为印度高中阶段最重要的考试，都由印度中央中等教育委员会统一组织和命题。印度 12 年级结业考试与中国高考类似，是考生上大学的必要条件，对考生能否考上大学具有决定性意义。

印度的 12 年级毕业考分文、理两科，用英文答卷。文科考试包括英语、数学、地理、历史和简明经济学；理科包括英语、数学、物理、化学和生物。考试成绩按百分比成绩计算。例如：5 门科目的总满分是 500 分，如果一名考生的成绩是 450 分，那么他的高考成绩为 90% 分，有希望上名牌大学。通过 12 年级毕业考试的学生方能参加各大学自行组织的入学考试。

印度高考被喻为"一场时刻在路上的修行"。各高校大学入学考试不实行统考制度，而是由各大学自行组织命题和考试，通常在每年较热的 4—6 月间举行。为了确保考上大学，不少考生奔赴各地参加各校考试，少则四五次，多则 20 多次，这些考试是对学生的体力和毅力的一次严峻考验。

印度实行西方式高等教育体制，各大学独立招生，学校和考生奉行双向选择。印度大学自主决定对报考的学生进行何种形式的入学考试。许多大学在录取学生时不仅看"高考"成绩，同时也会将历年成绩单、学校评语、校方的推荐信等作为录取依据。此外，如果学生入学后表现不佳，校方有权根据规定予以除名。印度是一个贫富差距分化较大的国家，各个地区、阶层的学生实力不平衡。为兼顾社会公正，印度政府规定，所有公立大学在每年招生总人数中必须留出超过 20% 的保留名额给落后种姓、少数族群和残疾人等特殊群体。

1947 年印度独立后将发展高等教育视为印度实现现代化的关键因素，大力发展高等教育。印度宪法规定，高等教育由中央政府和邦政府共同领导。中央不仅负责制定高等教育目标，负责高校的教育改革，院校的新建与扩建，科研机构的设立与撤销，还负责各高校之间的协调与科研方向的确定等。

70 年来，印度高等教育发展迅速，目前有大学 207 所以上，学院 6323 所之多，仅高等学校的入学人数高达 350 万以上，居世界第三位。据印度人力资源发展部教育部网站介绍，2011 年，政府投入资金 1951 亿卢比，而到 2013 至 2014 财年，则增加到了 2675 亿卢比，整体增长了 37%。

根据"印度高等教育：2030 愿景规划"，它是要把印度建设成为全球最大的国际人才供应商，理想学习者的国际大磁场，可负担得起的高水平教育制度的楷模。印度正在从大学改革入手，开始推行差异性的学术制度，将大学分为三个层级：位于上层的精英式研究型大学，综合性大学和职业型高校，以及一大批很容易进入的高水平学院。

印度与中国处于相同的经济发展阶段，都是人口大国，都希望通过发展教育获得经济腾飞。其发展中国家的国情决定了印度也面临不可避免的"分数论英雄"和"应试教育"问题。我国一方面可以吸收其大学自主命题和考试让学生拥有更大自由选择空间的操作理念和实践，另一方也注意避免印度与我国类似的"以分量人"的应试教育弊端。我们可以时刻关注印度高等教育的发展动向，汲取其教育立国理念和政府在教育上加大投入的经验。

七、瑞典：上大学不用考

瑞典有着"世界最发达科技型国家"之称，也是享有学术最高盛誉的诺贝尔奖的所在地。在平等、福利政治理念的推动下，瑞典政府倡导平等教育和终身教育，努力实现高等教育机会均等，也注重避免公民因地域和社会背景因素丧失高等教育机会，提升国家人力资本和国际竞争力。

瑞典没有高考，不依靠统一的高考制度来考核选拔人才。根据瑞典法律规定，只要具备高中二年级以上瑞典语和英语水平，就可以提交高校入学申请。凡 25 岁以上的成年人，即使没有完成高中教育，只要具有 4 年以上工作经验及相当于高中二年级的英语水平，也符合进入大学的条件。瑞典高校的基本入学条件不高，符合条件的人数高于学校的录取名额，"择优录取"标准是整个高中三年的全部考试成绩。

瑞典高等院校大多数由中央政府管理，每年定期的会议决定学校当年的招生人数及相应的拨款；学校每年定期招生，并按年龄、水平、专业等分类。但瑞典年轻人并不热衷于进入大学学习。高中毕业后，只有三分之一的学生申请大学。

瑞典学生在高中三年要完成三十门左右的课程，其中甚至包括一些实用性很强的科目，如自然科学、社会科学、艺术、技术、电气、造纸等。

每门课程结束时要参加由任课教师出题和评分的考试，再将所有成绩登记入册。对于瑞典高中生而言，如果希望毕业后能被名牌大学录取，就必须认真应对每一门考试。对于希望尽快就业的学生则可以选择职业性强的课程。

三年如一日的考试压力，以及设计灵活的高中教育科目，这一紧一松之间，保证了瑞典高中向大学提供了勤奋却不失创造力的人才。是否取消高考也曾一度是中国教育界热议的话题，但中国的国情决定高考是目前最公平的教育制度。高考给每个中国孩子平等起飞的支点，尤其对家庭条件一般、希望通过高考改变命运的孩子来说更具有社会现实意义。

八、墨西哥：没有统一高考

墨西哥没有全国统一高考，公立学校和私立学校都是自主招生考试，尤其在私立大学，几乎每个月都会安排入学考试。由于每所学校提供多次机会让考生考试，一次不过可以考下一次或选择另一所学校再考，因此，墨西哥考生普遍轻轻松松进考场，面对高考没有如临大敌的感觉，家长心态也普遍淡定。数据显示，墨西哥国立自治大学的录取率仅为7%，93%考生被拒之门外。这些被挡在大学门外的考生可以尝试考其他公立大学或报考私立大学。

总结：

通过各国高考经验的比较，不论在欧美还是日韩，不论在经济发达国家还是在发展中国家，不论这个国家的高等教育毛入学率有多高，甚至像瑞典这样取消高考的国家，从中学跨入大学，尤其是跨入一流大学，绝大多数国家和大学都要对成绩和分数设置相应的门槛，只有跨越这道门槛，才能获得继续接受更高层次的教育机会。同时，我们也可以看到，对招生录取标准的科学设置可以最大限度地避免"应试教育"的弊端。各国都在努力寻求更加公平公正之道，给本国年轻人提供更多接受高等教育的机会。

当今世界高等教育正在趋同存异，在高校招生考试改革方面出现一种趋同现象。一方面，一些原本完全分散、由各高校单独招生的国家，高校逐渐采用统一考试成绩作为录取新生的重要依据。另一方面，原来实行高校统一考试的国家或地区，特别是考试竞争激烈的东亚国家和地区，随着高等教育大众化的发展，入学机会的增多，开始扩大高校和考生的选择权，实行入学方式的多样，从招考合一走向招考分离，最终建立符合中国国情的以统考为主、统分结合的多元招生考试制度。

第五节　蓬门之下或有兰香

——专家、学者谈高考

1. 专访斯坦福大学经济学博士、著名人口经济学家梁建章

2017 年是我国自 1977 年恢复高考四十周年。作为一项重要的高等教育和人才选拔制度，高考一直以来受到全社会的广泛关注，已经成为社会公平、经济发展和国家发展前景的一面镜子。随着时代的发展，高考中过分注重应试教育等一些弊病也逐渐显露，社会上要求改革、完善高考制度的呼声日渐强大。如今，高考经历了恢复、发展、改革和逐步完善等阶段，未来该如何进一步改革始终是社会一大热点话题。为此，携程旅游董事长、同时也是斯坦福大学经济学博士、著名人口经济学家梁建章接受了笔者的采访。

2016 年，针对人口和教育问题，梁建章曾提出"缩短学制"这一建议。他表示，只要取消中考、淡化高考，把 19—20 岁时大学毕业后的能力考试或之后的研究生学历，作为年轻人找工作的能力依据，就能大幅度提高基础教育的效率，为中国的创新和创业注入新的活力，同时也能够缓解少子化的人口危机。

梁建章建议，可以通过取消中考，将初中三年和高中三年合并，并且缩短为中学四年等。梁建章的这一建议在社会上引起了极大的关注。很多人认可这一提议的确可以大幅度提高基础教育的效率，并且淡化高考"一考定终身"的因素。

"提前两年踏上工作岗位，实际效果绝不是延迟两年退休可以比拟的。"梁建章认为。他还给出了"数据模型"，进一步给出了清晰的答案。

第一个数据是：人的整个职场生涯中，20 岁出头的年龄正是智力、体能乃至创业欲望都处于巅峰的"黄金时间"，如果能够增添两年的"黄金时间"，其对人生的价值可能远超 5%，甚至直接改变整个人生行进的方向。

第二个数据是：如果把博士毕业到 35 岁之间的年龄段视为创造力的黄金期，那么一个 22 岁念完大学 27 岁念完博士的人只有 8 年的黄金创新期，而一个 20 岁念完大学 25 岁念完博士的人则有 10 年的黄金创新期，整整多出了 25%。

第三个数据是：提前两年工作，无论是对于一般白领所期待的薪资、晋升，还是创业者创业成功的可能性，亦或是科学家追求的科研创新，都能达到"事半功倍"的效果。

那么，有没有条件实现缩短学制？

对此，梁建章直言，缩短两年中学教育不会影响学习进程，反而可以促进教育效率的提升。"现在中学里面的初三和高三，基本都用来复习考试，所以仅依靠取消中考和淡化高考，就能省下很多时间。另外现在很多课程如历史、地理等的内容不必再依赖死记硬背，因为大量知识可以轻易地从网络上检索到，从而大幅度提高学习效率。"

梁建章说，相比 30 年前的学习情况，现在的学生们，投入了更多的时间，有更专业的老师，还有互联网等更先进的教学工具。然而他们在 18 岁之前学习的内容，相对于 30 年前却没什么进步。

在梁建章看来，互联网技术的出现，尤其是移动互联网时代的到来，各行各业的效率都在过去 30 年里突飞猛进，唯独教育系统的效率却下降了，"归根结底，还是现有的中考，高考和应试教育制度，让学生 15 岁之前只学这些东西，18 岁之前只学这些东西"。

梁建章再次表示，学制缩短，还应该配之以向下延伸，就是把学前教育纳入义务教育，但此义务教育是指政府有义务为学区内孩子提供教育服务，但家长可以根据个人情况决定是否送孩子去学校。

各地规划的基础教育容量应该以维持常住人口的可更替水平的孩子数量为基准。这大致可以换算为每年接受入学新生的数量，应该大致等于常住人口除以人均预期寿命。比如，一个拥有 75 万常住人口的城市，学校建设应该以每年录取 1 万名新生为标准。

他说，学制的变化会对直接改变新增劳动人口，从而对就业市场造成短期影响，虽然这种影响长期来看会消失。早年学制的延迟可能一定程度缓解了当年的就业压力，目前年轻人口快速减少，将对经济形成负面影响。因此，目前缩短学制时机正好，不仅长远来看能促进知识和技能的提升，短期来看也可以效益最大化。

"中国家长非常重视教育，为孩子教育宁愿牺牲其他很多东西，但这种巨大的动力并没有很好地发挥重要，甚至给家庭和孩子带来无形的压力。像"不要输在起跑线"这种观念的流行，等于让所有人都偷跑，宏观上对社会并没有好处，只是微观上让家庭不得已而为之。"梁建章说。

他说，家庭的很多付出之所以得不偿失很大程度上是因为人民的教育决定，多半是根据各种迷思或者想当然，而不是经过验证的理念。对教育效果的评判需要很长时间的跨度和锲而不舍的跟踪，但意义重大。建议教育部门和独立智库机构设置一些研究项目，针对各种教育决策的长期效果，利用科学的办法，进行系统性试验设计，跟踪和分析。这是长期的工程，如果坚持下去，最终会对社会和家庭优化教育资源提供难得的指导。

教育部门对学校的评价直接影响教育资源的分配。建议评价体系更多偏向于比较学生毕业和入学时的差异。目前对学校评价基本只看毕业时的情况，而不考虑入学的情况，因此所有学校都希望录取好学生。但其实对学生来说，学校更大的价值是学生整体水平的提升。

国外很多学校在录取学生时，一般也会看学生兄弟姐妹的情况。有兄弟姐妹在本校的孩子通常会被优先录取。这样既可方便家庭，也有利于学校管理。中国城市在孩子录取制度上，也应该借鉴这些经验。此外，这点对促进生育也可能会有些微效果。

目前全球的基础教育内容还是延续百年前的传统和体系，这与新的环境已经越来越脱节。重新审视基础教育大纲似乎有必要性，这不只是教育部门的事情，而是整个社会的重要课题。建议成立相应的委员会，广纳社会各界人士，特别是那些面向未来的高科技企业人士。

经济是社会运转的核心活动，但经济体系的很多规律具有强烈的反直观性，导致很多人对经济活动的认知偏差，这最终会影响到群体认知和行为，包括对政府决策的态度。因此，普及一下基本的经济学常识和思维方式似乎存在必要性。建议至少在高中开设经济学课程。为此可以招标教材，并做一定预备工作。

所有基础教育的每一门课程都充斥着背离基本常识和经济学规律的人口是负担的理念，建议专门清理（我们写过一篇这方面的文章）。

梁建章建议，在大学申请和录取过程中采用延迟接受算法（deferred acceptance algorithm），这种算法可以让任何一个申请者按自己的心愿偏好填报任意多个志愿，并最终被能接受的学校里面自己最喜欢的学校录取。与此同时，学校也可以录取在所有申请者里面，条件最好的学生。

2. 访教育部考试中心主任姜钢

高考改革是考试招生制度改革的重要组成部分，深化高考考试内容改革是国务院《关于深化考试招生制度改革的实施意见》（简称《实施意见》）明确提出的重要举措。《实施意见》颁布两年来，高考考试内容改革强调以立德树人为核心，加强"一点四面"考查，强化育人功能和积极导向作用。2017年高考考试内容改革进入全面推进的关键节点，教育部考试中心主任姜钢详细介绍高考考试内容改革的总体目标、顶层设计和阶段性成果，解读社会关心的热点问题，提出助力高考考试内容改革如期完成的支撑体系。

2014年9月，国务院发布《关于深化考试招生制度改革的实施意见》（以下简称《实施意见》），提出建立中国特色现代教育考试招生制度的总体目标，强调改革要有利于促进学生健康成长成才、有利于促进公平公正、有利于促进科学选才。《实施意见》是新形势下深化考试招生制度改革的纲领性文件，对于全面贯彻党的教育方针、推动教育领域综合改革、建设人力资源强国具有重要的战略意义。

高考改革是考试招生制度改革的重要组成部分，深化高考考试内容改革是《实施意见》明确提出的重要举措。自《实施意见》颁布以来，高考考试内容改革坚持以立德树人为核心，不断提升命题内容设计的科学性，高考的育人功能和积极导向作用得到全面提升，素质教育导向清晰明确，对于推动教育教学观念和方式的改变，培养适应经济社会发展的多样化高素质人才，推动学生社会主义核心价值观的培养和整体素质的提高发挥了重要作用。

高考考试内容改革直接关系高考人才选拔目标的落实，涉及千万考生利益，备受教育教学乃至整个社会的高度关注。目前，《实施意见》提出的"科学设计考试内容""2015年起增加使用全国统一试卷的命题省份"等具体改革任务平稳落实，考试大纲修订和宣传解读及时有效，高考的权威性和公信力得到增强，改革成效逐渐显现，改革共识和良好氛围逐渐形成。2017年高考考试内容改革进入全面推进的重要节点，为详细了解高考考试内容改革的总体设计、关键措施和进展情况，聚焦改革重点问题、解读社会关切热点，《中国考试》编辑部专访了教育部考试中心主任姜钢。

新形势下对考试招生制度改革及高考内容改革的再认识

问：本次考试招生制度改革被称为恢复高考以来最为全面和系统的一次改革。高考作为整个教育系统的一个重要环节，如何贯彻落实中央的新理念新思想新战略？在当前形势下，您对于两年前提出的深化考试招生制度改革有何新的认识？

答：高考作为上接高等教育下连基础教育的重要环节，"为什么考，考什么，怎么考"，对于基础教育怎么教、学生怎么学有重要的导向作用，从更高的层面看，高考也是我们更好地贯彻党的教育方针，坚持立德树人，解决好"培养什么样的人、如何培养人、为谁培养人"这一教育根本问题的重要组成部分。因此，我们必须要把好高校人才培养的入口关、起点关，发挥好高考的育人功能和积极导向作用，这是实现"两个一百年"奋斗目标，实现中华民族伟大复兴的中国梦的历史任务，也是我们的职责所在。

考试招生制度是国家基本教育制度。考试招生制度改革是为适应高等教育发展、助力素质教育实施的关键性改革，是落实党的教育方针、建设人力资源强国、决胜全面建成小康社会的重大部署。目前，我国正处于教育大国、人力资源大国向教育强国、人力资源强国的转变过程中，新的时代格局、新的人才观对考试招生制度和人才选拔提出了新的要求，考试招生制度改革要服务于经济社会发展对多样化高素质人才的需要，为实现"两个一百年"奋斗目标提供强有力的人才支撑。在国家总体战略布局下，我们要围绕提高教育质量这一主题，确保人才选拔质量和更好适应经济社会发展对多样化高素质人才的要求，注重顶层设计、统筹谋划和科学建构。

问：《实施意见》对考试招生制度改革作出总体部署，对高考考试内容改革提出明确要求。为落实新形式下国家人才发展战略以及教育的根本任务，高考考试内容改革的主旨以及总体目标是什么？是如何部署的？

答：《实施意见》对高考考试内容改革提出明确要求，即"依据高校人才选拔要求和国家课程标准，科学设计命题内容，增强基础性、综合性，着重考查学生独立思考和运用所学知识分析问题、解决问题的能力"。站在国家人才发展战略、新形势下教育的根本任务、深化考试招生制度改革的高度，我们将高考的核心立场明确为"立德树人、服务选拔、导向教学"。

第一，立德树人。党的十八大报告明确提出，把立德树人作为教育的根本任务。高考是教育的重要一环，其根本立场自然是体现教育的根本任务即立德树人，要利用高考这一特殊方式促使学生树立远大理想和崇高追求，积极培育和践行社会主义核心价值观，争做德智体美全面发展的社会主义事业建设者和接班人。

第二，服务选拔。高考全称是"普通高等学校招生全国统一考试"，其基本立场应立足于服务普通高等学校的人才选拔。通过高考制度，为不同类型的高校选拔出符合要求的新生。我们不仅要看到高考命题质量与大学入学新生质量之间直接而密切的关系，更要看到高考对社会纵向流动、社会结构形成和社会长远发展所起的预选和配置作用，因此，高考必须保证科学、公平，保证有较高的信度、效度，保证良好的区分效果。

第三，导向教学。除了选拔功能，高考因其连接高等教育与基础教育阶段主渠道的特殊地位，对于高中乃至整个基础教育教学，客观上还发挥着"指挥棒"的作用。因此，高考也就自然被赋予了导向教学的功能。高考的功能定位、内容改革及命题实施，也都要基于教育全局并为推动党的教育方针和素质教育理念在基础教育阶段的深入实施发挥关键的导向作用。

高考考试内容改革的总体目标就是建立高考评价体系，贯彻"立德树人、服务选拔、导向教学"的核心立场，把握和谋划好改革的整体布局，解决好"为什么考""考什么""怎么考"的问题。"为什么考"就是指考试定位是什么,"考什么"就是考查目标是什么,"怎么考"就是考查要求是什么,这三个方面问题的解答构成了实现高考评价功能的理论基础和目标框架。

站稳高考立场、实现高考改革的总体目标,要求我们基于高考评价体系绘好蓝图,做好战略部署。按照《实施意见》的要求,高考考试内容改革分三步走:第一步是2014年,启动高考考试内容改革;第二步是2017年,全面推进改革并形成阶段性成果;第三步是2020年,高考命题科学化水平整体提升,现代教育考试国家题库、国家英语能力等级量表等构成的支撑体系基本建立,整个考试更具科学性、公平性和权威性。

高考考试内容改革的进展

问:两年来,高考考试内容改革强调以立德树人为核心,加强"一点四面"的考查,强化育人功能和积极导向作用。高考为什么要强调育人功能?2016年高考命题是如何落实"一点四面"的?以立德树人为核心的高考内容改革如何做到常做常新?

答:当前,我国正处在大发展、大变革、大调整时期,在前所未有的改革和发展进程中,各种价值观念和社会思潮纷繁复杂。面对世界范围思想文化交流交融交锋形势下价值观较量的新态势,面对改革开放和发展社会主义市场经济条件下思想意识多元多样多变的新特点,出现了关注成"才"有余、关注成"人"不足的功利化教育等现象。立德树人作为党的教育方针的核心,关乎千百万青年的成长,关乎国家的未来,我们必须积极主动地回应时代变化带来的挑战。高考客观上是指挥棒,也是风向标。特别是对基础教育和人才培养具有强大的牵引力。因此,如何更好地发挥高考的育人功能和积极导向作用,是我们教育工作者,尤其是考试工作者的重要责任和使命。在新的历史条件下,作为教育工作者,特别是负责高考命题的同志们的职责和使命,就是要始终把坚持立德树人放在工作的首位。把立德树人这项强基固本、凝神聚气、事关中国发展和长治久安的基础性、战略性工程持续抓紧、抓好、不放松。

2015年,根据中央精神和教育部党组的要求,我们提出了加强"一点四面"考查的改革重点,即以立德树人为核心,加强对社会主义核心价值观、依法治国理念、中华优秀传统文化与创新能力的考查,不断强化高考的育人功能和积极导向作用。2016 年，我们认真落实立德树人这一根本任务要求，持续推进改革，主要体现在两个方面：第一，凸显核心价值观引领作用，把加强社会主义核心价值体系教育放在首位。社会主义核心价值观既体现了社会主义的本质要求，继承了中华优秀传统文化，也吸收了世界文明有益的成果，彰显了时代精神。在高考命题中坚持立德树人，从根本上说，就是要弘扬社会主义核心价值观。第二，整体推进，各有侧重，与学科深度融合，发挥不同学科的育人优势并形成德育合力。语文试题凸显"以文育人"的教育功能，传承中华优秀传统文化，饱含人文精神与时代气息。文科综合试题充分发挥人文社会科学的育人优势，取材现实社会生活，将中华优秀传统文化融入背景材料，反映国家发展战略及成就，着力体现国家认同、文化自信和唯物史观，突出考查学生的价值判断和价值选择能力。数学、理科综合试题积极落实"一点四面"，以前人对数学、科学的认识为素材设计试题，弘扬我国悠久的历史和文化，挖掘科学史的价值，充分发挥以史育人的作用；注重理论联系实际，创设真实而有价值的问题情境，加强试题的开放性和探究性，深入考查实验探究能力和创新能力。英语试题渗透中外文化知识，助力文化品格培养，通过选取与文化有关的背景材料，弘扬中华优秀文化，体现中华民族祖先们的智慧和文明对亚洲乃至世界的广泛影响，促使学生养成中国情怀，培养学生国际视野。

立德树人是高考考试内容改革的核心，要常做常新，而不是一时之说。立德树人作为高考考试内容改革的指导思想，引领改革的全方位推进，贯穿于改革的全过程，改革不断深化的过程也是立德树人不断得到更好落实的过程。加强"一点四面"考查是高考落实立德树人根本任务的集中体现，明确了高考考试内容改革的方向和思路，下好了"先手棋"，迈出了改革关键的第一步。2016 年，我们进一步提出构建"一体四层四翼"的高考评价体系，这是落实立德树人根本任务的又一重大举措。高考评价体系作为高考人才选拔的核心体系，既为高考命题提供科学的标准，又有力引导中学推进素质教育，将成为落实立德树人根本任务的新途径和助推器。"一点四面"考查和"一体四层四翼"高考评价体系是落实立德树人根本任务的系列组合创新，从方向引领到标准建设，使立德树人根本任务的落实得到制度和技术的支撑，从而提升到新的水平。

问：《实施意见》提出，从"2015 年起增加使用全国统一试卷的命题省份"的改革任务。社会各界对政策变化和使用全国卷高度关切，为什么要进行分省命题格局调整？使用全国卷是否意味着将来全国会使用同一张试卷？

答：增加使用全国统一试卷的命题省份，是站在充分体现国家人才选拔意志的政治高度，从维护高考权威性和公平性大局出发作出的重大部署。使用全国卷，有利于准确体现国家要求，实现通过高考促进公平、科学选才、引导教学的目的；有利于推进高考考试内容改革，提高高考命题质量；有利于从国家层面统筹考虑不同区域教育发展水平，使国家考试更加科学、更加公平。

使用全国卷并不意味着各省份使用同一张试卷，而是实行"一纲多卷"。实行"一纲"，是保证全国统一高考的共同基础，通过"一纲"使各类型试卷遵循全国统一的考试要求，充分体现国家人才选拔要求的一致性和公平性。实行"多卷"，主要是有利于高考试题更好地适应不同省份的教育发展水平。由于各省经济社会发展水平存在差异、推进高中课程改革进度不一，高中教育教学及学生实际水平参差不齐，使用不同类型试卷能够更加适合学生的水平，提高试卷的有效性和针对性。实行"多卷"还有利于全国统一考试安全。当前高考作为一项高利害考试，组考的外部环境复杂严峻，不同地区使用不同的试卷，可以降低全国统一高考的安全事故风险。

2015 年以来，江西、辽宁、山东、湖北、广东、陕西、四川、重庆、福建、安徽、湖南等省份相继全部或部分使用全国卷。2016 年使用全国卷的省份达到 26 个，分省命题格局调整平稳顺利，全国卷试题质量稳定，社会给予了积极的评价和肯定。目前，北京、上海、天津、江苏、浙江 5 省市仍继续依据全国统一考试大纲实行分省命题，形成了全国统一命题和少数省市自主命题相结合的新格局。这一安排既是对考试招生制度改革及高中课程改革试点的保障，也有利于促进全国高考命题水平提升和推进考试机构专业化建设。

高考考试内容改革的顶层设计及阶段性成果

问：您近期撰文发表的《探索构建高考评价体系，全方位推进高考内容改革》一文提出，加强顶层设计，探索构建"一体四层四翼"的高考评价体系。这个评价体系的提出在全面提高教育质量的国家战略中有何重要价值和意义？构建高考评价体系有何基本要求？

答：党的十八届五中全会明确提出提高教育质量的战略主题，要求"全面贯彻党的教育方针，落实立德树人根本任务，加强社会主义核心价值观教育，培养德智体美全面发展的社会主义事业建设者和接班人"。党的教育方针在宏观层面提出了党和国家对人才培养的总体要求，对教育领域具有方向性、全局性的指导意义。"增强学生社会责任感、创新精神、实践能力"等人才培养的基本要求又指出了人才培养的重点任务。国家"十三五"规划纲要提出，要提升全民教育和健康水平，把提升人的发展能力放在突出重要位置，着力增强人民科学文化和健康素质，加快建设人力资本强国。党和国家的这些方针政策都是高考改革需要遵循的基本指导思想，是高考考试内容改革要贯彻落实的重点内容。然而，这些方针政策还需要进一步细化、实化、具体化，转化为高考人才选拔的要求，才能贯穿到高考的全过程中，使高考更好地成为立德树人的有效途径和重要的育人方式。高考评价体系是党和国家人才培养总体要求的具体体现，是连接宏观人才培养总体要求和高考人才选拔的桥梁和纽带，是高考助力培养中国特色社会主义建设者和接班人的重要支持和保障。

构建具有中国特色的高考评价体系，重点要把握好以下几个基本要求：第一，突出方向性。贯彻党的教育方针，坚持立德树人根本任务，把社会主义核心价值观的考查和引导放在首位，突出加强依法治国理念、中华优秀传统文化和创新能力的考查要求，体现高考所承载的"加强社会主义核心价值体系教育"和"增强学生社会责任感"的育人功能和政治使命。第二，坚持科学性。从国家人才强国战略出发，体现各类高校通过高考选拔人才的共性需求，科学把握教育教学、学生素质发展和人才选拔规律，有效提升高考人才选拔的质量和效率。第三，反映时代性。知识经济时代对人才培养提出了新要求，要反映我国建设学习型社会、提升全民教育水平的时代要求，把提升人的发展能力放在突出重要位置，助力学生社会责任感、法治意识、创新精神、实践能力的培养。第四，体现民族性。我国文化、教育和考试历史悠久，形成了独具特色的人才培养和选拔观念，突出伦理道德的教育思想和人才观、以爱国主义为核心的民族精神等都是我们需要反映和弘扬的。第五，凸显现实性。我国高考是大规模高利害考试，又因考试文化和环境等因素而具有高度的复杂性和敏感性，高考不仅要确保选拔的科学性，还要关注人民群众对公平性的诉求、对素质教育的导向和促进社会纵向流动、服务国家现代化建设的重要使命。

问：《2017年普通高等学校招生全国统一考试大纲》已经公布，尽管修订幅度不是很大，但还是引起了社会的高度关注。这次考试大纲修订的意义是什么？如何确保考试大纲修订的积极作用得到落实？

答：考试大纲是高考命题的规范性文件和标准，既是命题的直接依据，又是备考的重要指南，对高考命题、学生备考和教学育人的影响都很大。《实施意见》明确指出，高考命题要依据高校人才选拔要求和国家课程标准，全国统一高考考试大纲就是综合体现这两方面依据，通过科学制订而形成的高考命题标准。因循高考所秉持的"立德树人、服务选拔、导向教学"的核心立场，高考考试大纲集中体现了命题标准、选才要求、备考依据和改革载体的功能。随着国家经济社会发展和教育改革的推进，高校人才选拔要求的变化和国家课程标准的修订都对高考命题提出了新的要求。在2017年这样一个改革的重要年份，对考试大纲进行修订，集中体现高考改革成果，作为承前启后、全面推进改革的重点工作，它具有战略性意义和全局性意义。

第一，贯彻落实考试招生制度改革精神，体现国家人才培养和高校人才选拔要求，服务于提升教育质量。"十三五"时期，我国教育进入全面提高质量的新阶段，教育的各项工作都要做到以"质量为纲"。基于此，我们修订考试大纲的首要目的就是提升高考命题质量，进一步强化高考命题的育人功能和积极导向作用，发挥高考"指挥棒"作用，为整体教育质量提升做贡献。

第二，加强高考命题的标准建设，提升标准的科学性和规范性。考试大纲是高考的考试标准，它的作用不仅仅是命题的具体指南，更是维护国家基础教育和高等教育质量的重要保障。根据时代发展需要和国家发展规划，立足高校人才选拔要求和国家课程标准，制定科学、规范、符合时代要求的考试大纲，目的就是为高考改革、高考命题定好标准。

第三，巩固改革成果，彰显改革导向。《实施意见》颁布以来，教育部考试中心承担了多项考试招生制度改革重点项目：深化高考内容改革，加强基础性、综合性，突出"一点四面"考查；加强分省命题指导，有序推进高考命题格局调整，逐步增加使用全国统一命题试卷的省份；高考外语科目首次实现"一年两考"；中国特色现代教育考试国家题库建设及国家外语测评体系建设；等等。目前，这些重点项目已经取得阶段性成果，在教育和考试领域逐渐产生深刻影响，得到社会的高度评价。高考考试内容改革成果丰硕，需要将这些改革成果及时呈现在考试大纲中，这是在深化考试招生制度改革这场全局性、长期性战役中，巩固改革成果，彰显改革导向。

这次考试大纲修订总体上幅度不是很大，但其在高考改革背景下的导向意义明显。考试大纲的修订，是对高校人才选拔需求和正在修订的高中课程标准特别是核心素养要求的呼应，为此，高中教学和复习备考都要作出适当调整和应对。为了更好地发挥积极影响，我们首次通过教育部官网公开发布考试大纲，时间也比往年大幅提前。教育部考试中心还专门组织省级考试机构和教研部门召开全国性会议，对考试大纲进行详细解读，及时有序发布考试大纲修订的权威信息，答疑解惑，主动引导社会舆论。同时，教育部考试中心还组织专家团队分赴西南、北部、中南、西北、新疆5个片区，进行全国范围全覆盖式的宣讲解读。这种形式的"送纲上门"也是首次，大大加强了和教学一线的直接联系。通过这些扎实的工作，考试大纲的修订获得了社会各界的广泛认可和支持。目前社会上也仍然存在一些疑虑和担心，我们将高度重视、主动积极做好相关工作，引导中学教学及时适应内容的调整，确保2017年高考平稳顺利。

落实高考考试内容改革的保障措施

问：《实施意见》提出加强国家教育考试机构、国家题库和外语能力测评体系建设，这是全面深化高考考试内容改革、整体提升高考科学化水平的长远战略部署和有力保障。助力高考考试内容改革，提供全方位保障，其支撑体系如何构建？

答：高考考试内容改革是复杂的系统工程，政治性、科学性、公平性和规范性要求都很高。完成这项工作，必须通过创新体制机制，加强科学民主决策，完善智力支持系统，充分发挥专家学者的作用，形成推动改革的合力。为此，教育部考试中心成立了高考考试内容改革专家工作委员会。专家工作委员会是高考考试内容改革的智囊团、思想库，是专业化、高层次、开放式的工作平台，承担着跟踪国际国内理论实践前沿、汇聚各方思想经验智慧、引领和推动改革的重任。专家工作委员会由具有一定社会影响、专业造诣高的高考命题、教育教学、测量评价等多领域专家组成。高考考试内容改革专家工作委员会的成立对于促进考试改革决策的民主化、科学化，提升高考人才选拔质量，推动考试改革和国家教育事业的发展，具有十分重要的意义。

高考考试内容改革是考试招生制度改革的重要环节，是整体提升高考科学性和权威性的基础性工程。高考考试内容改革不是为改革而改革，要有利于整体提升高考推进教育改革和发展、服务经济社会发展的能力。建立和完善高考考试内容改革的支撑体系，将为改革提供坚实的科研支撑和技术支持，推动改革全面、持续深化，确保改革如期完成并取得预期成果。除构建高考评价体系外，还将通过三方面的举措来构建完善的支撑体系。第一，加强国家题库建设，全面提升我国教育考试事业的核心竞争力。中国特色现代教育考试国家题库将成为我国高考全流程"总装线"的核心和支柱，借此助力我国高考整体科学化水平的提升。目前，题库建设和基于题库的命题工作体制机制已成为满足高考"一纲多卷""一年多考"的强有力保障。第二，科学研制国家英语能力等级量表，助力国家英语考试提升科学化水平。国家英语能力等级量表的研制，不仅能够为英语考试带来统一的标准，同时也将促进英语学习方式的转变。目前，中国英语能力等级量表已完成主体研制，将于2017年正式公布。国家英语能力等级考试的研发工作也在顺利推进中，计划在2020年前逐步推出。第三，加强现代化国家教育考试机构建设，提升高考服务教育现代化的能力和水平。高考作为我国考试招生制度的重要组成部分，是衔接基础教育和高等教育的桥梁，在我国教育现代化战略中有着举足轻重的地位。加强国家教育考试机构建设，推动考试理念、技术、制度和整个业态的深层变革，增强考试的科学性和公平性，是推动高考考试内容改革持续推陈出新、不断提升高考服务学生、学校、国家和社会发展能力的长远之计和固本之举。

后记
高考，改变民族和个人命运的四十年

从 1977 年恢复高考至今，时间已经过去了整整 40 年。40 年，在历史长河中连短短的一瞬都算不上，但对一个民族乃至个人来讲，却是改变民族和个人命运的 40 年。

因为恢复高考，整个民族点燃了未来的希望。毫不夸张地说，这 40 年来，有约亿计的学子因此接受了高等教育，为中华民族伟大复兴提供了海量的人才，整体民族素质得到质的飞跃。很难想象，如果没有这么大批的人才支撑，我国的改革开放和现代化建设就不会取得如此伟大的成就。

因为恢复高考，许许多多人因此改变了命运，特别是在"文化大革命"中被耽误的一代人中，以及 20 世纪七八十年代人群中相当一部分人因此彻底改变了人生轨迹。在写此书过程中，每当笔者与这些人聊天时，谈到当年情景，无不感慨万千。

因为恢复高考，整个社会为此逐渐崇尚知识、崇尚文化，坚信"知识就是力量""知识改变命运"这一信条。整个社会风气为之改变，也激发了整个民族未来发展的强劲动力。

2017 年 5 月 10 日，教育部公布《关于做好 2017 年普通高等教育招生计划编制和管理工作的通知》，对 2017 年高等教育招生计划管理工作进行部署。据了解，2017 年高招计划安排将继续促进公平，维护广大考生切身利益，确保各地高考录取率不降低。

除确保各地高考录取率不降低之外，通知还提出，2017 年要确保省际高考录取率差距进一步缩小，确保重点高校招收农村和贫困地区的学生人数进一步增加，确保中央部委所属高校本科招生总规模和投放到各省份的招生计划总量不降低，确保实现国家年度高等教育事业发展宏观管理目标。

当然，高考制度仍有缺陷：家长们和教育机构过于笃信"不能让孩子输在起跑线上"而不惜一切代价的"应试教育"；高考制度下产生的地区、人群之间的不公平；甚至一些无良商家借助高考这一题材大发横财等。但无论如何，高考是迄今实现社会阶层流动的一个最有效且最直接的手段，是亿万学子对未来的希望所在。

我们已经走过了 40 年，未来的路还很长。为了我们的后人更加健康成长，我们对高考制度还将继续改革完善，让它更加科学合理。让高考成为人生新阶段的"敲门砖"和"铺路石"。